ENGLISCH TRAINING

Klaus Stenzel

Translation Practice 2

Aufgaben mit Lösungen

ab 10. Klasse

STARK

ISBN: 3-89449-143-4

2. Auflage 1994

Inhalt

Autor: Klaus Stenzel

Vorwort

Liebe Schülerin, lieber Schüler,

das vorliegende Trainingsmaterial soll dir dabei helfen, Übersetzungen aus dem Englischen leichter und besser zu meistern.

Es enthält im Gegensatz zum ersten Band "Translation Practice 1", dessen Schwerpunkt auf der Grammatik und Übersetzung von Einzelsätzen liegt, **ganze Texte** mit darauf vorbereitenden **Übungen** zu verschiedenen Themenbereichen der Geschichte und Landeskunde Amerikas.

Die Auswahl der Themen sowie des Wortschatzes orientiert sich an den Vorgaben des Englischunterrichts am Ende der Sekundarstufe I, wobei der Wortschatz bis einschließlich Klasse 9 in groben Zügen vorausgesetzt wird. Darüber hinausgehende Vokabeln werden entweder angegeben oder können mittels der den Texten vorausgehenden Übungen erschlossen und trainiert werden.

Mit den besten Wünschen für ein erfolgreiches Training!

Klaus Stenzel

Die Arbeit mit diesem Buch

Jedes Kapitel ist in **3 Teile** gegliedert:

- **Teil A** bietet größtenteils Wortschatzübungen, die den in Teil B folgenden Text thematisch und vom Vokabular her vorbereiten und Übersetzungstechniken trainieren.
  Am Ende der Seiten werden in einem Kasten Beispielsätze mit jenen Wörtern und Wendungen aufgeführt, die erfahrungsgemäß beim Übersetzen oft zusätzliche Schwierigkeiten bereiten. Sie sind zweispaltig angeordnet, so daß die Kenntnis dieser Wörter und Wendungen durch Abdecken der einen Hälfte überprüft und trainiert werden kann.
- **Teil B** enthält den jeweiligen Übersetzungstext. Fußnoten geben Übersetzungshilfen, wobei das [!]-Zeichen auf besonders tückische Stellen hinweist, die verstärkte Aufmerksamkeit erfordern.
- In **Teil C** sind zuerst die Lösungen der Übungen aus Teil A zu finden. Auf den zwei Folgeseiten werden dann jeweils der Übersetzungstext und eine Beispielübersetzung gegenübergestellt. Fußnoten gehen hier auf Übersetzungsvarianten ein oder erklären Übersetzungsprobleme.

Es empfiehlt sich bei der Arbeit mit diesem Buch, die Kapitel schriftlich zu bearbeiten. Außerdem sollte nicht mehr als ein Kapitel pro Tag bearbeitet werden.

Die Übersetzung ganzer Texte

Die folgenden Arbeitsschritte sind als Tips zu verstehen, wie man an einen längeren Übersetzungstext herangehen könnte.

Tips für die Herübersetzung

1. Schritt: Erstes Durchlesen
Leitfrage: Worum geht es in diesem Text?

2. Schritt: Zweites Durchlesen
Leitfrage: Wie ist der Text gedanklich gegliedert?
Markiere Textstellen, die du noch nicht verstanden hast.

3. Schritt: Rohübersetzung
- Übersetze die Sätze, die dir ganz klar sind.
- Lasse aber für die unklaren Stellen ausreichend Lücken.
- Schreibe (nach Möglichkeit) mit großem Zeilenabstand und breitem Rand, damit Durchstreichungen, Verbesserungen und Umstellungen leicht vorgenommen werden können.

4. Schritt: Feinarbeit
- Versuche, die Bedeutung nicht bekannter Wörter aus dem Satz- und Textzusammenhang zu erschließen.
- Überprüfe, ob bei der Rohfassung der Sinn einzelner Wörter und Wendungen genau zum Text paßt. Oft kennt man die Grundbedeutung eines Einzelwortes, hat aber nicht die für den Text angemessene deutsche Entsprechung parat. Hier ist oft das nochmalige langsame Durchlesen und Durchdenken des gesamten Textes hilfreich.
- Übersetze die Überschrift zum Schluß. Ob die Übersetzung der Überschrift richtig ist, kann man oft nur dann entscheiden, wenn man – durch die Übersetzung – den Text sehr genau kennt.
- Wenn es dir möglich ist, fertige erst danach die eigentliche Reinschrift.

Text 1: Going to school in America today

A Übungen

Aufgabe 1: Britisches und Amerikanisches Englisch (BE/AE)

Es gibt eine Reihe von Wörtern, die nur oder hauptsächlich im amerikanischen Englisch Verwendung finden. Im britischen Englisch werden für die gleiche Bedeutung andere verwendet.

a) Fülle die AE-Entsprechungen für folgende Wörter des BE ein.

1 pavement	2 petrol	3 film
4 sweet(s)	5 class	6 underground
7 holidays	8 autumn	9 lorry

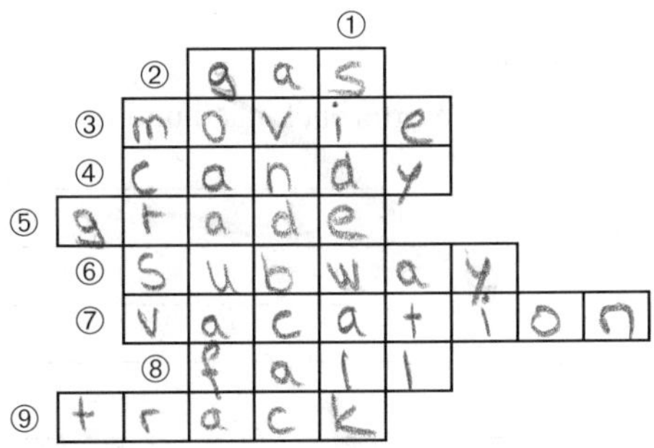

Useful vocabulary	Nützliche Wörter
Die folgenden Zwei-Wort- oder Drei-Wort-Kombinationen stellen, wenn man sie als solche kennt, bei der Übersetzung eigentlich kein Problem dar. Man muß sie allerdings im laufenden Text erst als solche erkennen.	
both ... and He is both an actor and a singer.	**sowohl ... als auch** Er ist sowohl Schauspieler als auch Sänger.
not ... at all She doesn't like him at all.	**überhaupt nicht** Sie mag ihn überhaupt nicht.
not ... either He doesn't like her sister either.	**auch ... nicht** Er mag ihre Schwester auch nicht.

b) Ordne folgende Wörter als BE-AE-Paare in die folgende Tabelle ein und ergänze bei dreien von ihnen das fehlende AE-Gegenstück.

biscuit – car park – chips – cookie – elevator – flat – headmaster – lift – mail – parking lot – post – principal – pupil – salesman – shop – shop-assistant

AE	BE	AE	BE

Aufgabe 2: Wörterbucharbeit

Schlage folgende Wörter im Wörterbuch nach und finde weitere Bedeutungen.

some: einige; etwas; ____________________

pretty: schön; hübsch; ____________________

only: nur; ____________________

late: (zu) spät; ____________________

Useful vocabulary	Nützliche Wörter
either ... or We can get there either by bus or by train.	**entweder ... oder** Wir können entweder mit dem Bus oder mit dem Zug dorthin fahren.
neither ... nor Neither we nor you know anything about it.	**weder ... noch** Weder wir noch ihr wißt irgend etwas darüber.
above all We need a lot of things, but above all your understanding.	**vor allem** Wir brauchen vieles, aber vor allem Ihr Verständnis.
as for ... As for you, you must go to bed now.	**was ... betrifft/angeht** Was dich angeht, du mußt jetzt ins Bett gehen.

Übersetze mit den neugefundenen Bedeutungen die nachstehenden Übungssätze.

1. I tried to climb that mountain some forty years ago.
2. I know this is the only chance for me.
3. His new car was pretty expensive.
4. The late president was an important politician.

Aufgabe 3: Wörter mit dem gleichen Stamm

Ergänze folgende Tabellen, indem du zum angegebenen Verb das dazugehörige Substantiv einträgst oder umgekehrt. In der Tabelle auf der nächsten Seite geht es um zusammengehörende Adjektive und Substantive. Benutze – falls nötig – das Wörterbuch und verschaffe dir Klarheit über die Bedeutung jedes Wortes.

Substantiv	Verb
	to educate
aim	(to)
	(to) achieve
	(to) walk
	(to) know
grade	(to)
direction	(to)

Useful vocabulary	Nützliche Wörter
Die folgenden kleinen Wörter beginnen alle mit *al-*. Sie werden beim Übersetzen oft verwechselt.	
already Look, he has already washed up the dishes.	**schon, bereits** Schau, er hat das Geschirr schon abgewaschen.
almost Cats are almost colour blind.	**fast, beinahe** Katzen sind fast farbenblind.
(al-)though The kids went on the ice, although they knew it was very thin.	**obgleich, obwohl** Die Kinder gingen aufs Eis, obwohl sie wußten, daß es sehr dünn war.

Substantiv	Adjektiv
day	
	weekly
ambition	
nation	
	public
general	
	educational
individual	

Useful vocabulary	Nützliche Wörter
Einige englische Wörter sehen den deutschen Wörtern sehr ähnlich, haben aber eine ganz andere Bedeutung. Sie werden daher *"false friends"* genannt.	
economy The country's economy is still largely based on agriculture.	**(Volks-)Wirtschaft** Die Wirtschaft des Landes ist immer noch großenteils von der Landwirtschaft geprägt.
economic What's wrong with our economic system?	**(volks-)wirtschaftlich, Wirtschafts-** Was ist falsch an unserem Wirtschaftssystem?
economical She is an economical housewife.	**sparsam** Sie ist eine sparsame Hausfrau.
few He made few mistakes in his essay.	**wenige** Er machte in seinem Aufsatz wenige Fehler.
a few I'll be going to Paris for a few days.	**einige, ein paar** Ich werde für ein paar Tage nach Paris fahren.

Aufgabe 4: Von der Grundbedeutung zum idiomatisch richtigen Ausdruck

Oft kann man beim Übersetzen die Bedeutung erkennen, kommt aber nicht auf Anhieb auf den passenden Ausdruck. Man sollte sich deshalb bis zur endgültigen Entscheidung Zeit lassen und erst einmal im Text weiterübersetzen. Ein zweites Durchdenken bringt dann oft den passenden idiomatischen Ausdruck.

Finde für folgende Wendungen passende deutsche Entsprechungen.

1. (to) keep s.o. from doing s.th. ______________________
2. (to) take an exam ______________________
3. (to) make new friends ______________________
4. (to) do a good job ______________________
5. (to) take advantage of s.th. ______________________
6. (to) make sure ______________________
7. (to) take part in ______________________
8. (to) make an effort ______________________
9. (to) have a bath ______________________
10. (to) take a vote ______________________
11. (to) make a decision ______________________

Hier kannst du die Wörter aus den Übungen eintragen, die dir neu und wichtig sind.

Wörter zum Merken	

B Übersetzungsaufgabe

Übersetze den folgenden Text. Die vorangestellten Wortangaben geben unbekannte Vokabeln an, die Fußnoten geben Hilfestellung für die Übersetzung. Das Zeichen [!] weist auf etwaige Stolperstellen hin.

Wortangaben

Z. 6	**effort:**	Anstrengung, Bemühen
Z. 8	**literacy:**	vgl. **illiteracy** – Analphabetentum
Z. 8	**(to) provide with:**	versehen, versorgen mit
Z. 9	**welfare:**	hier: Wohl(ergehen)

Going to school in America today[1]

Each *fall*[2] *some*[3] 40 million young Americans walk through the doorways of *about*[4] one hundred thousand schools for the start of a new school year. *Filling*[5] classrooms from kindergarten to the 12th *grade*[6], they attend classes for an *average*[7] of five hours *a day*[8], five days *a week*[9], until the beginning of the following summer.

These *students*[10] are part of the ambitious effort to educate the whole *national*[11] population. The aim is – as it has been since the first *decades*[12] of the republic – to achieve universal *literacy*[13] and to provide individuals with the knowledge and skills necessary for *both*[14] their own welfare *and*[15] that of the general public.

Though[16] this aim has not yet been fully achieved, it remains an ideal *toward*[17] which the American educational system is directed.

1 Überschrift erst zum Schluß übersetzen
2 AE
3 [!]
4 heißt nicht "über"
5 engl. Partizipkonstruktion, braucht im Dt. einen Satz
6 AE
7 dt. als Adverb zu übersetzen
8+9 [!]
10 AE
11 Übersetzung als Substantiv im Genitiv
12 erschließbar über dt.: "Dekade"
13 kann nicht als ein Wort übersetzt werden
14+15 Diese zwei Wörter ergeben zusammen eine neue Bedeutung.
16 although
17 AE, im BE auch "towards"

C Lösungen

Übungen

Aufgabe 1

a)

1. sidewalk	2. gas	3. movie
4. candy	5. grade	6. subway
7. vacation	8. fall	9. truck

b) (beliebige Reihenfolge, die fehlenden Wörter sind in Klammern gesetzt)
cookie – biscuit; (store) – shop; mail – post; (student) – pupil;
salesman – shop-assistant; elevator – lift; (apartment) – flat;
principal – headmaster; parking lot – car park; (French fries) – chips;

Aufgabe 2

some: auch: ungefähr
only: auch: einzig(e/r)
pretty: auch: ziemlich
late: auch: verstorben

1. Jenen Berg versuchte ich vor etwa 40 Jahren zu besteigen.
2. Ich weiß, das ist die einzige Chance für mich.
3. Sein neues Auto war ziemlich teuer.
4. Der verstorbene Präsident war ein bedeutender Politiker.

Aufgabe 3

education, (to) aim, achievement, walk, knowledge, (to) grade, (to) direct; daily, week, ambitious, national, public, general, education, individual.

Aufgabe 4

1. jem. von etw. abhalten; jem. an etwas hindern – 2. eine Prüfung ablegen – 3. Freundschaften schließen – 4. gute Arbeit leisten – 5. etwas ausnutzen – 6. sich vergewissern – 7. teilnehmen an – 8. Anstrengungen unternehmen – 9. ein Bad nehmen – 10. abstimmen – 11. eine Entscheidung treffen

Hier sind der Übersetzungstext und eine Musterübersetzung zum Vergleich noch einmal gegenübergestellt.

Going to school in America today[1]

Each fall some 40 million young Americans walk through the doorways of about one hundred thousand schools *for the start of a new school year*[2]. Filling classrooms from kindergarten to the 12th grade, they *attend classes*[3] for an average of five hours a day, five days a week, until the beginning of the following summer.

These students are part of the ambitious effort to *educate*[4] the whole *national*[5] population. The aim is – as it *has been*[6] since the first decades of the republic – to achieve universal literacy and to provide individuals with the *knowledge*[8] and skills necessary for both their own welfare and that of the *general public*[9]. Though this aim has not yet been fully achieved, it remains an ideal toward which the American educational system is directed.

1 Überschriften lassen sich oft nicht wörtlich übersetzen
2 auch: ... um ein neues Schuljahr zu beginnen
3 vgl. *attend a school* – eine Schule besuchen
4 "erziehen" paßt hier nicht
5 *"national"* hat im Dt. eher eine parteipolitische Bedeutung, die hier nicht gemeint ist.
6 engl. *present perfect* – dt. Präsens
7 auch: ... Kenntnis des Lesens und Schreibens ...
8 im Dt. besser Plural
9 [!]

Schule in Amerika heute[1]

Jeden Herbst gehen etwa 40 Millionen junger Amerikaner *zum Anfang eines neuen Schuljahres*[2] durch die Tore von etwa 100.000 Schulen. Sie füllen die Klassenzimmer vom Kindergarten bis zur 12. Klasse und *besuchen den Unterricht*[3] durchschnittlich fünf Stunden täglich fünf Tage in der Woche bis zum Beginn des folgenden Sommers.

Diese Schüler sind Teil des ehrgeizigen Bemühens, die ganze Bevölkerung der *Nation*[4] zu *bilden*[5]. Das Ziel ist – wie es dies schon seit den ersten Jahrzehnten der Republik *ist*[6] – eine allgemeine *Fähigkeit, lesen und schreiben zu können*[7], zu erreichen, und den einzelnen mit *Kenntnissen*[8] und Fertigkeiten auszustatten, die sowohl zu seinem eigenen Wohl als auch zu dem der *Allgemeinheit*[9] nötig sind.

Obwohl diese Ziel noch nicht völlig erreicht ist, bleibt es ein Ideal, auf das das amerikanische Bildungssystem ausgerichtet ist.

Text 2: Minority problems

A Übungen

Aufgabe 1: Erschließen von Bedeutungen

Eine Reihe von Wörtern können von ihrer Form her sowohl Substantiv als auch Verb sein. Doch auch wenn z. B. nur die Wortbedeutung als Verb bekannt ist, so läßt sich doch die Bedeutung in der anderen Wortart erschließen.

a) Finde bei folgenden Wörtern die Bedeutung als Verb *und* als Substantiv und trage diese ein. Bei zwei Verben – gekennzeichnet mit [!] – ist eine leichte Bedeutungsverengung zu beachten.

engl. Wort	**deutsche Bedeutung**	
	als Verb	**als Substantiv**
1. change	wechseln	Wechsel, Wandel
2. link		
3. hate		
4. reply		
5. question	[!]	
6. arrest		
7. shout		
8. surprise		
9. need		
10. search	[!]	
11. cause		
12. sound		

b) Gleiches gilt auch für die folgenden drei Wörter, die sowohl Adjektiv als auch Substantiv sein können.

engl. Wort	**deutsche Bedeutung**	
	als Substantiv	**als Adjektiv**
1. future		
2. wrong		
3. past		

c) Übersetze folgende Wendungen. (Dabei können die obigen Bedeutungen auch nur Bedeutungsbausteine sein, die zu einer noch besseren Übersetzung führen.)

1. a change for the worse
2. the future needs of our society
3. an historic change
4. the house was searched
5. the police questioned him
6. a child's basic needs

Useful vocabulary	**Nützliche Wörter**
notice At the entrance there was a large notice saying "Do not feed the animals!"	**Schild, Hinweis** Am Eingang stand ein großes Schild mit dem Hinweis "Tiere füttern verboten!"
sensible Margarete is rather sensible. She doesn't do silly things.	**vernünftig** Margarete ist ziemlich vernünftig. Sie macht keine dummen Sachen.
eventually Eventually we got through to the airport.	**schließlich, endlich, zu guter Letzt** Schließlich kamen wir zum Flughafen durch.
while The telephone rang three times while he was having a bath.	**während** Das Telefon läutete dreimal, während er ein Bad nahm.

Aufgabe 2: Ableitungen vom Wortstamm

Bei vielen unbekannten Wörtern läßt sich die Bedeutung ableiten, da ein Wort desselben Wortstamms bekannt ist; z. B.: Das Substantiv *development* mag unbekannt sein, seine Bedeutung läßt sich aber über das bekannte Verb *(to) develop* erschließen.

Leite die (Grund-)Bedeutung folgender Substantive über die Bedeutung des dazugehörigen Verbs oder Adjektivs ab.

1. concentration → (to) concentrate ______________________
2. encouragement → (to) encourage ______________________
3. understanding → (to) understand ______________________
4. decision → (to) decide ______________________
5. agreement → (to) agree ______________________
6. discouragement → (to) discourage ______________________
7. competition → (to) compete ______________________
8. growth → (to) grow ______________________
9. depth → deep ______________________
10. width → wide ______________________
11. length → long ______________________
12. economy → economic ______________________
13. dependence → dependent ______________________
14. strength → strong ______________________

Useful vocabulary	Nützliche Wörter
(to) become She wants to become a doctor.	**werden** Sie will Ärztin werden.
stream There is a stream near the village.	**Bach, kleiner Fluß** In der Nähe des Dorfes gibt es einen Bach.
actual She said she was 30, but her actual age was 42.	**tatsächlich** Sie sagte, sie sei 30, aber ihr tatsächliches Alter war 42.

B Übersetzungsaufgabe

Wortangaben

Z. 2	**largely:**	großen-, größtenteils
Z. 3	**decrease**	abnehmen
Z. 3	**increase**	zunehmen
Z. 4	**scarce:**	knapp
Z. 7	**recent:**	vor kurzem (geschehen), neu, jüngst
Z. 8	**service sector:**	Dienstleistungsbereich
Z. 9	**beyond:**	hier: über
Z. 13	**opportunity:**	Möglichkeit, Chance
Z. 13	**available:**	vorhanden

Minority problems

Future success in *raising*[1] the economic situation of blacks and other minorities depends largely on the growth of the economy. When *economic life*[2] decreases, *group conflict*[3] and prejudice increase. *This is because*[4] people see themselves in competition for the same scarce things, *such as*[5] jobs or good housing.

The American economy *is going through*[6] an historic change: Traditional industrial jobs are being lost to other countries. The recent *enormous*[7] growth *has been concentrated*[8] in service sectors. Many of these jobs need skills beyond the educational *standard*[9] of many minority members.

Many people are living in poverty in the central areas of large cities, where *few*[10] new jobs are being created. The social *discouragement*[11] of some minorities is also a *barrier*[12] that keeps them from taking advantage of the actual opportunities that are available to them.

1 Suche ein passendes Wort für "Anhebung"
2 im Deutschen: einWort
3 im Deutschen: Plural
4 Versuche, für 'because' ein dt. Substantiv zu finden
5 !
6 Bringe die *progressive form* in der Übersetzung zum Ausdruck
7 über das Deutsche erschließbar
8 engl.: Present perfect; dt.: Präsens
9 dt.: ... niveau
10 !
11 Grundbedeutung über den Wortstamm erschließbar
12 über das Deutsche erschließbar

C Lösungen

Übungen

Aufgabe 1

a) 2. (sich) verbinden; Verbindung, Beziehung – 3. hassen; Haß – 4. antworten, erwidern; Antwort, Erwiderung – 5. [!] befragen, vernehmen; Frage – 6. verhaften, festnehmen; Verhaftung, Festnahme – 7. rufen, schreien; Ruf, Schrei – 8. überraschen; Überraschung – 9. brauchen, benötigen; Bedürfnis – 10. [!] durchsuchen; Suche, Erforschung – 11. verursachen; Ursache –12. klingen, Klang

b) 1. Zukunft; (zu)künftig – 2. Unrecht; falsch – 3. Vergangenheit, vergangen

c) 1. eine Verschlechterung – 2. die künftigen Bedürfnisse unserer Gesellschaft – 3. ein historischer Wandel – 4. das Haus wurde durchsucht – 5. die Polizei befragte ihn – 6. die Grundbedürfnisse eines Kindes

Aufgabe 2

1. Konzentration – 2. Ermutigung – 3. Verständnis – 4. Entscheidung – 5. Übereinkunft, Zustimmung – 6. Entmutigung – 7. Wettbewerb – 8. Wachstum – 9. Tiefe – 10. Breite – 11. Länge – 12. Wirtschaft – 13. Abhängigkeit – 14. Stärke

Wörter zum Merken	

Minority problems

Future success[1] in raising the economic situation of blacks and other minorities depends largely on the growth of the economy. When *economic life*[1] decreases, group conflict and *prejudice*[2] increase. This is because people see themselves in competition for the same scarce things, *such as*[3] jobs or good housing.

The American economy *is going through*[4] an historic change: *Traditional*[5] industrial jobs are being lost to other countries. The *recent*[6] enormous growth has been concentrated in service sectors. Many of these jobs need *skills*[7] beyond the *educational standard*[8] of many minority members.

Many people are living in poverty in the central areas of large cities, where few new jobs are being created. The social *discouragement*[9] of some minorities is also a *barrier*[10] that keeps them from taking advantage of the *actual opportunities*[11] that are *available*[11] to them.

1 Im Deutschen ist hier der Artikel notwendig.
2 im Deutschen besser im Plural ode Übersetzung mit "Voreingenommenheit"
3 auch: "wie zum Beispiel"
4 auch: "... durchläuft im Moment ..."
5 auch: "alte / überkommene"
6 auch: "... der letzten Zeit ..."
7 auch: "Fähigkeiten"
8 auch: "Bildungsstand"
9 auch: "Entmutigung / Abschreckung"
10 auch: "Hindernis"
11 auch mit Relativsatz: "... Möglichkeiten auszunutzen, die ihnen tatsächlich ..."

Probleme der Minderheiten

Der[1] künftige Erfolg bei der Verbesserung der wirtschaftlichen Situation der Schwarzen und anderer Minderheiten hängt großenteils vom Wirtschaftswachtum ab. Wenn *die*[1] Wirtschaft sich abschwächt, nehmen die Konflikte zwischen den Gruppen und *die Vorurteile*[2] zu. Der Grund dafür ist, daß die Menschen sich im Wettstreit um die selben knappen Dinge *wie*[3] Arbeitsplätze oder gute Wohnungen sehen.

Die amerikanische Wirtschaft *durchläuft gerade*[4] einen historischen Wandel: *Traditionelle*[5] Arbeitsplätze in der Industrie gehen an andere Länder verloren. Das *jüngste*[6] ernorme Wachstum konzentriert sich auf den Dienstleistungsbereich. Viele dieser Berufe erfordern *Fertigkeiten*[7], die über dem *Ausbildungsniveau*[8] vieler Angehöriger von Minderheiten liegen.

Viele Menschenleben in den Zentren der großen Städte in Armut, wo wenige neue Arbeitsplätze geschaffen werden. Die gesellschaftlichen *Schwierigkeiten*[9] einiger Minderheiten sind auch eine *Barriere*[10], die sie davon abhält, die ihnen *tatsächlich zur Verfügung stehenden Möglichkeiten*[11] zu nutzen.

Text 3: European immigration to America

A Übungen

Aufgabe 1: Ableitungen vom Wortstamm

Viele zum gleichen Wortstamm gehörigen Wörter lassen ihre Bedeutung aus Wortstamm und Endung erschließen, z. B.:
(to) develop + -ment ⟶ *development* = Entwicklung.
Es gibt allerdings einige Wörter, die sich in ihrer Schreibung ein wenig vom Wortstamm entfernt haben und die deshalb mit besonderem Augenmerk betrachtet werden müssen.

1.	content	→	(to) contain	______
2.	death	→	(to) die	______
3.	success	→	(to) succeed	______
4.	belief	→	(to) believe	______
5.	sight	→	(to) see	______
6.	hatred	→	(to) hate	______
7.	prayer	→	(to) pray	______
8.	choice	→	(to) choose	______
9.	flight	→	(to) fly	______
10.	pride	→	proud	______
11.	height	→	high	______
12.	poverty	→	poor	______

Useful vocabulary	Nützliche Wörter
meaning What's the meaning of this word?	**Bedeutung** Welche Bedeutung hat dieses Wort?
(to) mean Can you explain to me what the word means?	**bedeuten** Können Sie mir erklären, was das Wort bedeutet?
note(s) You should take notes, if you want to take part in the discussion.	**Notiz(en)** Du solltest dir Notizen machen, wenn du an der Diskussion teilnehmen willst.

Aufgabe 2: Wendungen mit *"(to) take"*

Eines der "Allerweltswörter" im Englischen ist das Verb *"(to) take"*. Hier ist es wichtig, auch die Zusammensetzungen mit diesem Verb zu kennen.

a) Versuche auf Anhieb folgende Wendungen mit "(to) take" zu übersetzen.

1. (to) take place ______________________
2. (to) take advantage of s.th. ______________________
3. (to) take turns ______________________
4. (to) take part in ______________________

b) Übersetze folgende Sätze mit *"(to) take"*. Versuche möglichst ohne Wörterbuch auszukommen.

1. Could you take my wife to hospital?
2. He took off his coat.
3. Mr. Brown takes us for Latin.
4. It'll take me an hour to do that job.
5. The peace talks will take place in Paris.
6. She will take part in the discussion.
7. I took advantage of the dry weather to repair the roof.
8. We can't both use the bike at once. So let's take turns.

Useful vocabulary	Nützliche Wörter
anxious My mother is anxious about her health.	**besorgt** Meine Mutter sorgt sich um ihre Gesundheit.
(to) blame You needn't blame me for that mistake.	**tadeln, Schuld geben/haben** Du brauchst mir für diesen Fehler nicht die Schuld zu geben.
gift He's got the gift for good storytelling. I know, give her a scarf as a gift.	**Gabe, Geschenk** Er hat die Gabe, Geschichten gut erzählen zu können. Ich weiß, schenke ihr doch einen Schal.
ordinary What do ordinary people think about that film?	**normal, gewöhnlich** Was denken normale Leute über diesen Film?

Aufgabe 3: Von der Grundbedeutung zum idiomatisch richtigen Ausdruck

Das Wörterbuch gibt als zweite deutsche Bedeutung von *"poor"* das deutsche Wort "schlecht" im Sinne von "nicht gut" an.

In folgenden 10 Wendungen ließe sich *"poor"* zwar stets mit "schlecht" übersetzen. Versuche dennoch, dafür jeweils eine passendere Bedeutung zu finden. Schlage erst beim zweiten Versuch im Wörterbuch nach.

1. poor soil ______________________________
2. poor crops ______________________________
3. poor health ______________________________
4. a poor excuse ______________________________
5. a poor joke ______________________________
6. (to) be a very poor swimmer ______________________________
7. a poorly gifted person ______________________________
8. (to) be dressed poorly ______________________________
9. a poor consolation ______________________________
10. a poor test ______________________________

Useful vocabulary	**Nützliche Wörter**
[!] Zusammengesetzte Wendungen bereiten wegen der Verwechslungsgefahr mit ähnlichen einige Schwierigkeiten bei der Übersetzung.	
in time We arrived just in time to see the parade.	**rechtzeitig** Wir kamen gerade rechtzeitig an, um die Parade zu sehen.
on time Our train to Leeds is never on time.	**pünktlich** Unser Zug nach Leeds ist nie pünktlich.
at times He is really rude at times.	**gelegentlich** Er ist gelegentlich richtig unhöflich.
in no time She was back in no time.	**Im Nu** Sie war im Nu zurück.
all the time It rained all the time.	**die ganze Zeit** Es regnete die ganze Zeit.

B Übersetzungsaufgaben

Wortangaben

Z. 1	**wave**:	Welle, Woge
Z. 2	**famine:**	Hunger(snot)
Z. 3	**unrest:**	(pol.) Unruhe
Z. 3	**estimated:**	geschätzt
Z. 5	**(to) encourage:**	vgl. **courage**

European[1] immigration to America

Between 1840 and 1860, the United States received its largest wave of immigrants. In Europe, *famine*[2], poor crops, rising *populations*[3] and political unrest caused an *estimated*[4] five million people to leave their homelands *each year*[5].

And during the Civil War, the U.S. government *encouraged*[6] immigration from Europe, especially from the German states, by offering land to those immigrants who *would*[7] serve in the armies of the North. In 1865, about one in five *Northern*[8] soldiers was a *wartime immigrant*[9]. Today, one third of Americans have German ancestors.

Until the *1880s*[10] most immigrants came from northern and western Europe. Then a great change took place. More and more immigrants *began*[11] coming from countries in eastern and southern Europe. And *by*[12] 1896, more than half of all immigrants were from this region.

1 besser nicht als Adjektiv zu übersetzen
2 im Dt. besser Plural
3 im Dt. kein Plural
4 dt. Adverb
5 Wortstellung im Dt. beachten
6 dt. Grundbedeutung paßt hier nicht
7 !
8 dt. Genitiv
9 dt. Relativsatz
10 !
11 dt.: allmählich / im Laufe der Zeit
12 !

C Lösungen

Übungen

Aufgabe 1

1. Inhalt, Gehalt	2. Tod	3. Erfolg
4. Glaube	5. Sehenswürdigkeit	6. Haß
7. Gebet	8. (Aus-) Wahl	9. Flug
10. Stolz	11. Höhe	12. Armut

Aufgabe 2

a) 1. stattfinden – 2. ausnutzen – 3. (sich) abwechseln – 4. teilnehmen an

b)
1. Könnten sie meine Frau ins Krankenhaus bringen?
2. Er zog seinen Mantel aus.
3. Mr Brown unterrichtet uns in Latein.
4. Ich werde eine Stunde brauchen, um diese Arbeit zu erledigen.
5. Die Friedensverhandlungen werden in Paris stattfinden.
6. Sie wird an der Diskussion teilnehmen.
7. Ich nutzte das trockene Wetter (aus), um das Dach zu reparieren.
8. Wir können nicht beide auf einmal das Fahrrad benutzen. Wechseln wir uns doch ab!

Aufgabe 3

1. karger Boden	2. Mißernten
3. schwächliche Gesundheit	4. eine schwache Ausrede
5. ein schwacher Witz	6. ein miserabler Schwimmer sein
7. ... schwachbegabt	8. armselig angezogen ...
9. ein schwacher Trost	10. ein dürftiger Test

Wörter zum Merken	

European[1] immigration to America

Between 1840 and 1860, the *United States*[2] received its largest wave of immigrants. In Europe, famine, poor crops, rising populations and political *unrest*[4] *caused* [3]an estimated five million people to leave their homelands each year.

And during the *Civil War*[5], the U.S. government *encouraged*[6] immigration from Europe, especially from the German states, by offering land to those immigrants who would serve in the armies *of the North*[7]. In 1865, about one in five Northern soldiers was a wartime immigrant. Today, one third of Americans have German ancestors.

Until the 1880s[8] most immigrants came from northern and western Europe. Then a great change took place. More and more immigrants began coming from countries in eastern and southern Europe. And by 1896, more than half of all immigrants *were*[9] from this region[10].

1 auch: von Europäern
2 im engl. Satz Subjekt, im dt. Satz Objekt
3 auch: brachten dazu
4 "unrest" im Engl. ohne Plural
5 sollte präzisiert werden
6 auch: förderte
7 auch: des Nordens
8 auch: bis ungefähr 1880 / 90
9 auch: stammte
10 auch: Raum

Die Einwanderung aus Europa[1] nach Amerika

Zwischen 1840 und 1860 erreichte die *USA*[2] die größte Einwanderungswelle. In Europa *veranlaßten*[3] Hungersnöte, Mißerntern, wachsende Bevölkerungszahlen und politische *Unruhen*[4] jedes Jahr schätzungsweise fünf Millionen Menschen, ihre Heimatländer zu verlassen.

Und während des *Bürgerkrieges (in den USA)*[5] *ermunterte*[6] die US-Regierung die Einwanderung aus Europa, besonders aus den deutschen Staaten, indem jenen Einwanderern Land angeboten wurde, die bereit waren, in den Armeen *der Nordstaaten*[7] zu dienen. Im Jahre 1865 war ungefähr jeder fünfte Soldat der Nordstaaten ein Einwanderer, der während des Krieges eingewandert war. Heute hat jeder dritte Amerikaner deutsche Vorfahren. *Bis zu den 80er Jahren des 19. Jahrhunderts*[8] kamen die meisten Einwanderer aus Nord- und Westeuropa. Dann vollzog sich ein großer Wandel. Immer mehr Einwanderer kamen im Laufe der Zeit aus Ländern in Ost- und Südeuropa. Und bis 1896 *kam*[9] mehr als die Hälfte aller Einwanderer aus diesem *Teil Europas*[10].

Text 4: The end of slavery

A Übungen

Aufgabe 1: Thematischer Wortschatz

Mit der folgenden Aufgabe in Rätselform kannst du deine Wortschatzkenntnisse zur Thematik des Textes überprüfen.

Beispiel:

Boy is to **girl** as **import** is to export

1. **Life** is to **death** as **integration** is to ____________________
2. **Question** is to **answer** as **freedom** is to ____________________
3. **Friend** is to **enemy** as **peace** is to ____________________
4. **South** is to **North** as **introduce** is to ____________________
5. **Start** is to **begin** as **run away** is to ____________________
6. **Separate** is to **unite** as **free man** is to ____________________
7. **Permit** is to **forbid** as **inequality** is to ____________________
8. **Opponent** is to **supporter** as **decrease** is to ____________________
9. **White** is to **black** as **intolerance** is to ____________________

Useful vocabulary	Nützliche Wörter
[!] Die folgenden Zusammensetzungen mit *"-ever"* werden oft verwechselt. Besonders die letzte stellt eine Übersetzungsfalle dar.	
wherever	**wo(hin) auch immer**
Wherever she goes, she meets interesting people.	Wohin sie auch geht, sie trifft immer interessante Leute.
whatever	**was ... auch (immer); was ... in aller Welt** (als Verstärkung von *"what"* in Fragen)
You may have whatever you like.	Sie können haben, was (immer) sie wollen.
I'll do it whatever the weather is like.	Ich werde es tun, egal wie das Wetter ist.
Whatever made him do that?	Warum in aller Welt hat er das getan? / Was in aller Welt hat ihn veranlaßt, das zu tun?

Aufgabe 2: Verwechselbares

Ähnlich aussehende Wörter werden in ihren Bedeutungen oft verwechselt.

a) Kannst du folgende Wörter oder Wendungen ins Deutschen übersetzen? Erst beim zweiten Versuch sollte das Wörterbuch bemüht werden.

1. last – 2. at last – 3. (to) last – 4. late – 5. at least – 6. at the latest

b) Fülle obige Wörter passend in folgende Sätze ein. Verwende die erste Form viermal und die vierte Form zweimal.

1. This is the _______________ train to Sheldon today.
2. Our train was ten minutes _______________.
3. He drank _______________ 5 bottles of beer a day, during the weekends even more.
4. This tin of coffee will _______________ us a week.
5. I'd like to get the copies by 4 o'clock _______________.
6. I hope this weather will _______________ to Sunday.
7. The _______________ Mr Smith was very popular at our village.
8. _______________ she's found a man who really loves her.
9. He came _______________ to the party.
10. They _______________ saw their homeland 30 years ago.

Useful vocabulary	Nützliche Wörter
whoever Whoever finds the book can keep it.	**wer auch (immer)** Wer auch (immer) das Buch findet, darf es behalten.
whenever She goes to see him whenever she can.	**wann immer** Sie besucht ihn, wann immer sie kann.
however We must go now. However, we'll see you tomorrow again.	**(je)doch** Wir müssen jetzt gehen. Doch wir sehen dich ja morgen wieder.
what ... like What is the new film like?	**wie** Wie ist der neue Film?
what about What about having a picnic tomorrow?	**wie wär's** Wie wär's mit einem Picknick morgen?

Aufgabe 3: Sätze mit "man"

Englische Passivsätze wie die folgenden können auch mit der deutschen Konstruktion mit "man" als Aktivsätze übersetzt werden.

Übersetze:

1. It is known that he is very rich.
   Man weiß, ______________________________
2. It is estimated that this ring is 3,000 years old.
   ____
3. It is expected that he will win the election.
   ____
4. It is believed that the weather will change tomorrow.
   ____
5. It is thought that she is French.
   ____
6. It is considered that he is a good party leader.
   ____
7. It cannot be denied that she is very intelligent.
   ____
8. It is expected that the Prime Minister will resign by the end of this year.
   ____

Useful vocabulary	Nützliche Wörter
what ... for What is he phoning the police for?	**warum** Warum ruft er die Polizei an?
once I took those tablets once a day.	**einmal; früher** Ich nahm diese Tabletten einmal täglich.
Once, as she was driving home, she crashed into a fence.	Früher ist sie einmal auf der Nachhausefahrt in einen Zaun gefahren.
at once The ambulance came at once.	**sofort** Der Krankenwagen kam sofort.
all at once Don't speak all at once.	**alle auf einmal** Sprecht nicht alle auf einmal.

B Übersetzungsaufgabe

Wortangaben

Z. 4	**(to) gain:**	gewinnen, erlangen
Z. 5	**(to) estimate**:	schätzen
Z. 9	**state:**	hier: Zustand
Z. 10	**(to) increase:**	zunehmen, anwachsen

The end of slavery

The ending of slavery didn't *happen*[1] in a single day. It was a process that took *about*[2] four years. It began in April 1861 with the *outbreak*[3] of the Civil War between free states of the North and slave states of the South. During the war, wherever the Union or the Northern Army gained control, slavery was ended. *It is estimated*[4] that half-a-million slaves escaped to *Union-controlled areas*[5].

Freedom for all slaves came later, in 1865, when the war ended and Congress *passed*[6] a law which completely abolished slavery. *For a time*[7], many hoped that blacks and whites could live together in a state of equality and tolerance. That hope didn't last long. Prejudice increased and discrimination got *worse*[8]. In most former slave states, a system of *racial segregation*[9] was built up, and blacks had to use *e.g.*[10] separate schools, hospitals and lunchrooms.

1 Versuche, ein passenderes Wort als "passieren" zu finden.
2. [!]
3 vom Deutschen her erschließbar
4 dt. Aktivsatz
5 im Dt. besser als Relativsatz
6 läßt sich aus dem Zusammenhang erschließen
7 vgl.: *"for some time"*
8+9 [!]
10 dt. "z. B."

C Lösungen

Übungen

Aufgabe 1

1. segregation	2. slavery	3. war
4. abolish	5. escape	6. slave
7. equality	8. increase	9. tolerance

Aufgabe 2

a) 1. der / die / das letzte ...; als letzte(r) – 2. endlich – 3. dauern; (aus-) reichen für – 4. (zu) spät; verstorben – 5. wenigstens – 6. spätestens

b) 1. last – 2. late – 3. at least – 4. last – 5. at the latest – 6. last – 7. late – 8. At last – 9. last – 10. last

Aufgabe 3

1. Man weiß, daß er sehr reich ist.
2. Man schätzt den Ring auf ein Alter von 3.000 Jahren.
3. Man nimmt an / erwartet, daß er die Wahl gewinnen wird.
4. Man hält sie für eine Französin.
6. Man betrachtet ihn als guten Parteiführer.
7. Man kann nicht leugnen, daß sie sehr intelligent ist.
8. Man erwartet, daß der Premierminister bis Ende des Jahres zurücktreten wird.

Wörter zum Merken	

The end of slavery

The ending of slavery didn't happen in a single day. It was a *process*[1] that took *about*[2] four years. It began in April 1861 with the outbreak of the Civil War between free states of the North and slave states of the South. During the war, wherever the Union or the *Northern*[3] Army gained control, slavery was ended. It is estimated that half-a-million slaves *escaped*[4] to Union-controlled areas.

Freedom[5] for all slaves came later, in 1865, when the war ended and Congress passed a law which completely abolished slavery. For a time, many hoped that blacks and whites could live together *in a state of equality and tolerance*[6]. That hope didn't last long. *Prejudice*[7] increased and discrimination got worse. In most *former slave states*[8], a system of racial segregation was built up, and blacks had to use e.g. separate schools, hospitals and lunchrooms.

1 auch: Vorgang
2 auch: etwa
3 dt. Genitiv klingt besser
4 auch: entflohen
5 Der Gebrauch des bestimmten Artikels ist im Englischen anders als im Deutschen.
6 auch: "in Gleichheit und Toleranz"
7 im Engl. unzählbar, also auch kein Plural möglich; im Dt. ist aber nur der Plural sinnvoll.
8 auch: In den meisten der früheren Sklavenstaaten ...

Das Ende der Sklaverei

Die Beendigung der Sklaverei vollzog sich nicht an einem einzigen Tag. Es war ein *Prozeß*[1], der *ungefähr*[2] vier Jahre dauerte. Er begann imApril 1861 mit dem Ausbruch des Bürgerkrieges zwischen den freien Staaten des Nordens und den Sklavenstaaten des Südens. Während des Krieges wurde, wo immer die Union oder die *Armee der Nordstaaten*[3] die Kontrolle erlangte, die Sklaverei beendet. Man schätzt, daß eine halbe Million Sklaven in Gebiete *flüchtete*[4], die von der Union kontrolliert wurden.

Die Freiheit[5] für alle Sklaven kam später, im Jahre 1865, als der Krieg endete und der Kongreß ein Gesetz verabschiedete, das die Sklaverei völlig abschaffte. Eine Zeitlang hofften viele, daß Schwarze und Weiße *in einem Zustand der Gleichberechtigung und Toleranz*[6] zusammenleben könnten. Diese Hoffnung hielt nicht lange an. *Vorurteile*[7] nahmen zu, und die Diskriminierung wurde schlimmer. In den meisten der Staaten, *in denen früher Sklaverei erlaubt war*[8], wurde ein System der Rassentrennung aufgebaut, und die Schwarzen mußten z. B. getrennte Schulen, Krankenhäuser und Speisesäle benutzen.

Text 5: American Indians in the 20th century

A Übungen

Aufgabe 1: Wortfeld "Arbeit"

Erschließe die Bedeutung eventuell unbekannter Vokabeln in den folgenden Aufgaben mit Hilfe der bekannten und der Übersetzung der jeweils folgenden Übungssätze.

1. **(to) employ → employee → employer → unemployment → unemployment rate**
   a) This factory employs 300 people.
   b) This factory has 300 employees.
   c) These 300 people have the same employer.
   d) There is rather high unemployment in this area.
   e) The unemployment rate in this area is about 12 %.

2. **poor → poverty → poverty level**
   a) This family is very poor, now that their father has no work.
   b) They are living in poverty now.
   c) They need help from the government, because they are living below the poverty level.

3. **payment → wage(s) → income**
   a) In his old job his payment wasn't bad at all.
   b) He then only got the minimum wage, and his wife had to take on work as well.
   c) Their income is still rather low.

4. **unskilled worker → job training → qualified job**
   a) She didn't earn much as an unskilled worker.
   b) She then took part in a job training programme.
   c) She's got a qualified job now.

5. **healthy → health → health insurance**
   a) My father had no kind of illness, he really was a healthy person.
   b) But my mother was in poor health.
   c) He medicine was pretty expensive, but the health insurance helped a lot.

Aufgabe 2: Im Englischen "Present perfect" – im Deutschen "Präsens"

Steht der zu übersetzende Satz mit einer Zeitangabe mit *"for"* oder mit *"since"* im *Present perfect (continuous)*, so ist bei der Übersetzung besondere Sorgfalt geboten.
Dies hängt mit dem Gebrauch des *Present perfect* im Englischen zusammen. Damit wird ausgedrückt, daß ein Vorgang in der Vergangenheit begonnen hat und bis zur Gegenwart andauert. Das Deutsche verwendet in diesen Fällen – außer bei verneinten Sätzen – dagegen das Präsens. Die Zeitangabe mit *"for"* oder *"since"* wird mit "seit" übersetzt.

I	**have lived** Present perfect	in this house	**for 15 years**.
Ich	**wohne** Präsens	seit 15 Jahren	**in diesem Haus**.
She	**has been waiting** Present Perfect	here	**since 5 o'clock**.
Sie	**wartet** Präsens	hier	**seit 5 Uhr**.

Useful vocabulary	**Nützliche Wörter**
[!] Eine Reihe von Substantiven ist im Englischen unzählbar. Sie werden daher nur in der Einzahl gebraucht. Im Deutschen dagegen ist oft eher die Mehrzahl üblich.	
progress A lot of progress has been made.	**Fortschritt(e)** Viele Fortschritte sind gemacht worden.
knowledge Her knowledge of English is rather poor.	**Kenntnisse** Ihre Englischkenntnisse sind ziemlich dürftig.
furniture This furniture is no good.	**Möbel** Diese Möbel taugen nichts.
information Do you have any information about this club?	**Information(en)** Haben Sie irgendwelche Informationen über diesen Club?
advice She gave us a lot of useful advice.	**Rat(schläge)** Sie gab uns viele nützliche Ratschläge.

Übersetze:

1. We've known him for almost ten years.
2. They've been waiting for you since Monday.
3. We haven't had a holiday for seven years.
4. We haven't watched TV since we moved to our new house.
5. By July I'll have been here for three years altogether.
6. The author has lived in Liverpool since 1991.
7. His flat has been empty for four weeks altogether.
8. I've been looking after our neighbours' cat since Christmas.
9. John has had this bike since June.
10. I have known her since she was a little girl.
11. Jill has been trying to get a new job since March.
12. Ron has been using my pocket calculator for ages.
13. Jill and John have been married for 20 years now.

Useful vocabulary	Nützliche Wörter
beside Her house is just beside the police station.	**neben, bei** Ihr Haus ist genau neben der Polizeiwache.
besides He has two other shops besides the one in Fulton Road.	**außer; abgesehen davon, daß; außerdem** Er besitzt zwei weitere Läden abgesehen von dem einen in der Fulton Road.
Besides managing these shops, he is also president of our football club.	Abgesehen davon, daß er diese Läden führt, ist er auch Präsident unseres Fußballvereins.
I don't want to go to Fulham tonight besides there is not enough petrol in the car.	Ich möchte heute abend nicht nach Fulham fahren, außerdem ist nicht genügend Benzin im Auto.
beyond That was beyond a joke.	**über ... hinaus** Das ging über einen Witz hinaus.
To find my house you have to go 200 metres beyond the traffic lights.	Um mein Haus zu finden, müssen Sie nur hinter den Ampeln 200 Meter weiter fahren.

Aufgabe 3: Von der Grundbedeutung zum passenden Wort

Es kommt gar nicht so selten vor, daß die gelernten oder im Wörterbuch genannten Bedeutungen eines englischen Worts das im Text Gemeinte nicht genau treffen. Hier hilft dann oft mehrmaliges, langsames "halblautes" Lesen des Satzes in der Rohfassung.

Englisches Stichwort	Deutsche Grundbedeutung
wealth	Reichtum
busy	beschäftigt
law and medicine	Gesetz und Medizin
life (pl. lives)	Leben

Übersetze:
1. Black Americans often don't live in wealth as a lot of white Americans do.
2. Heathrow is London's busiest airport.
3. In the past blacks didn' t find good jobs in law and medicine.
4. Today car accidents claim lots of lives.

Useful vocabulary	Nützliche Wörter
beneath	**unter; unten**
His dictionary was stuck beneath the sofa.	Sein Wörterbuch steckte unter dem Sofa.
Now she is manager of the shop, she thinks filling the shelves is beneath her.	Jetzt, wo sie Geschäftsführerin des Ladens ist, glaubt sie, daß das Auffüllen der Regale unter ihrer Würde ist.
below	**unten; unter**
The temperature was below 60 °.	Die Temperatur lag unter 60 °.
We looked down the hill at the village below.	Wir schauten vom Hügel auf das unten liegende Dorf.
Jill is in the class below me.	Jill ist in der Klasse unter mir.
still	**(immer) noch**
We've still got some money left.	Wir haben immer noch etwas Geld übrig.

B Übersetzungsaufgabe

Wortangaben

Z. 1	**in spite of:**	trotz
Z. 1	**decade:**	Jahrzehnt
Z. 2	**(to) lag behind s.o.:**	hinter jem. zurückliegen
Z. 5	**disease:**	Krankheit
Z. 5	**(to) claim:**	fordern
Z. 9	**urban:**	städtisch, ... in der Stadt

American Indians[1] in the 20th century

In spite of much *progress*[2] made by the Indians during the last decades, they still lag far behind most Americans in health, wealth and education. In 1984, the unemployment rate among Indians *was*[3] 39 percent –[4] more than five times the national average. Nearly one fourth of all Indian families live on incomes below the poverty level. Diseases and alcoholism claim twice as many Indian *lives*[5] as other American *lives*[5].

Since the *1950s*[6], the government *has helped*[7] Indians who want to move from the reservations to the cities. A few have found highly paid jobs in *business, education, law and medicine*[8]. But most urban Indians still don't have the education and job training to find qualified jobs.

1 Das engl. Wort "*Indian*" ist in seiner Bedeutung umfassender als der deutsche Begriff "Indianer". Das engl. Wort kann "Indianer", "Inder" und "Indio" bedeuten. Deshalb muß im Englischen ein Zusatz wie "American" die Bedeutung einengen.

2 Im Gegensatz zum Deutschen ist im Englischen kein Plural möglich.

3 Es gibt ein passenderes Verb als "war".

4 Wie könnte man den Gedankenstrich übersetzen?

5 Was paßt zum Verb besser als "Leben"?

6 [!] Aufpassen!

7 Beachte das Tempus!

8 [!] Die wörtliche Übersetzung klingt zu plump.

C Lösungen

Übungen

Aufgabe 1

1. anstellen, beschäftigen → Arbeitnehmer → Arbeitgeber → Arbeitslosigkeit → Arbeitslosenquote
   a) Die Fabrik beschäftigt 300 Leute.
   b) Diese Fabrik hat 300 Beschäftigte.
   c) Diese 300 Leute haben denselben Arbeitgeber.
   d) In dieser Gegend herrscht eine ziemlich hohe Arbeitslosigkeit.
   f) Die Arbeitslosenquote in dieser Gegend beträgt etwa 12 %.
2. arm → Armut → Armutsgrenze
   a) Diese Familie ist sehr arm, jetzt wo der Familienvater keine Arbeit hat.
   b) Sie leben jetzt in Armut.
   c) Sie brauchen die Hilfe der Regierung, weil sie unter(halb) der Armutsgrenze leben.
3. Bezahlung → Lohn → Einkommen
   a) An seiner alten Arbeitsstelle war die Bezahlung gar nicht schlecht.
   b) Dann bekam er nur den Mindestlohn, und seine Frau mußte auch arbeiten gehen.
   c) Dennoch ist ihr Einkommen ziemlich gering.
4. ungelernter Arbeiter → Berufsausbildung → qualifizierte Berufsausbildung
   a) Sie verdiente als ungelernte Arbeiterin nicht viel.
   b) Dann nahm sie an einem beruflichen Qualifikationsprogramm teil.
   c) Jetzt hat sie einen qualifizierten Arbeitsplatz.
5. gesund → Gesundheit → Krankenkasse
   a) Mein Vater hatte keine Krankheit, er war wirklich ein gesunder Mensch.
   b) Aber meine Mutter war bei schlechter Gesundheit.
   c) Die Medizin für sie war ziemlich teuer. Aber die Krankenkasse half sehr.

Aufgabe 2

1. Wir kennen ihn seit fast zehn Jahren.
2. Sie warten seit Montag auf dich.
3. Wir haben seit sieben Jahren keinen Urlaub mehr gemacht.
4. Seitdem wir in unser neues Haus gezogen sind, haben wir nicht mehr ferngesehen.

5. Bis Juli bin ich insgesamt drei Jahre hier.
6. Der Autor lebt seit 1991 in Liverpool.
7. Seine Wohnung steht seit insgesamt vier Wochen leer.
8. Ich kümmere mich seit Weihnachten um die Katze unserer Nachbarn.
9. John besitzt dieses Fahrrad seit Juni.
10. Ich kenne sie, seit sie ein kleines Mädchen war.
11. Jill versucht seit März eine neue Arbeit / einen neuen Arbeitsplatz zu finden.
12. Ron benutzt meinen Taschenrechner schon ewig.
13. Jill und John sind jetzt schon 20 Jahre verheiratet.

Aufgabe 3

1. Schwarze Amerikaner leben oft nicht in dem Wohlstand wie weiße Amerikaner.
2. Heathrow ist der Flughafen Londons mit dem meisten Betrieb.
3. In der Vergangenheit fanden Schwarze keine guten Arbeitsplätze im Rechts- und Gesundheitswesen.
4. Heute fordern Autounfälle viele Opfer.

Wörter zum Merken	

American Indians in the 20th century

In spite of much progress made by the Indians during the last decades, they still lag far behind most Amercans *in*[1] health, wealth and education. In 1984, the unemployment rate among Indians *was*[2] 39 percent – more than five times the national average. Nearly one fourth of all Indian families live on incomes below the poverty level. Diseases and alcoholism claim twice as many Indian *lives*[3] as other American *lives*[3].

Since the *1950s*[4], the government has helped Indians who want to move from the reservations to the cities. A few have found highly paid jobs in *business, education, law and medicine*[5]. But most *urban*[6] Indians still don't have the *education*[7] and job training to find qualified jobs.

1 auch: was ... angeht / betrifft
2 auch: lag ... bei
3 natürlich auch weniger frei übersetzt möglich, z. B.: ... fordern doppelt so viele Leben von den Indianern ....
4 auch: Seit den 50er Jahren ...
5 auch: ... in den Bereichen ...
6 *"urban"* läßt sich hier im Deutschen nicht als Adjektiv wiedergeben.
7 Hier kann wegen dem nachfolgenden *"job training"* allein die engere Schulbildung gemeint sein.

Indianer im 20. Jahrhundert

Trotz großer Fortschritte, die die Indianer während der letzten Jahrzehnte gemacht haben, liegen sie *bezüglich*[1] ihrer Gesundheit, ihres Wohlstands und ihrer Ausbildung weit hinter den meisten Amerikanern zurück. Im Jahre 1984 *betrug*[2] die Arbeitslosenquote unter den Indianern 39 %, was mehr als das Fünffache des Landesdurchschnitts ausmachte. Fast ein Viertel aller Indianerfamilien leben von Einkommen unterhalb der Armutsgrenze. Krankheiten und Alkoholismus fordern doppelt so viele *Opfer unter den Indianern*[3] als bei anderen Amerikanern.

Seit den *50er Jahren des 20. Jahrhunderts*[4] hilft die Regierung Indianern, die von den Reservaten in die Städte ziehen wollen. Einige haben hochbezahlte Positionen in der Wirtschaft, im Schul*wesen*[5], im Rechts- und Gesundheits*wesen*[5] gefunden. Aber die meisten Indianer *in den Städten*[6] haben immer noch nicht die *Schulbildung*[7] und berufliche Ausbildung, um qualifizierte Arbeitsplätze zu finden.

Text 6: Illegal immigrants

A Übungen

Aufgabe 1: Tückische Konstruktion: "*have s.th. done*"

Das deutsche Verb "lassen" hat je nach Sprechabsicht drei englische Entsprechungen. Relativ problemlos ist dabei die Unterscheidung zwischen "*(to) let*" und "*(to) make*".

He let us go home earlier. – Er ließ uns früher nach Hause gehen.
(to) let = (zu)lassen (im Sinne einer Erlaubnis)

He made us work very hard. – Er ließ uns sehr hart arbeiten.
(to) make = (veran)lassen (im Sinne eines ausgeübten Zwanges)

Die dritte Konstruktion ist bei der Herübersetzung äußerst tückisch:
(to) have s. th. done = etwas tun lassen (im Sinne: etwas nicht selbst tun)

Diese letzte Konstruktion wird bei der Herübersetzung ins Deutsche oft nicht als solche anerkannt, weil sie, von der Wortstellung her gesehen, wie eine normale deutsche Perfekt- oder Plusquamperfekt-Konstruktion aussieht.

Beispiele:

(1) I *had repaired* my motor-bike before I went on holiday.
(I *had repaired* = Past perfect)

Ich *hatte* mein Motorrad *repariert,* bevor ich in Urlaub fuhr.
(*hatte* = Plusquamperfekt; *repariert* = Plusquamperfekt)

(2) I *had* *my motor-bike* *repaired.*
(*had* = Past; *my motor-bike* = Object + *repaired* = Object complement)

Das Partizip "*repaired*" im Beispiel (2) stellt nicht einen Teil des Prädikats dar, sondern ist eine Ergänzung zum Objekt des Satzes. Das Wort "*had*" ist hier der einzige Prädikatsteil. Entsprechend steht auch Beispielsatz (2) im "*Simple Past*".

Useful vocabulary	Nützliche Wörter
yet Has the milkman come yet?	**schon** (in Fragesätzen am Satzende) Ist der Milchmann schon gekommen?
already We've seen that film already.	**schon** (in Aussagesätzen) Wir haben den Film schon gesehen.
not ... yet I haven't done my homework yet.	**noch ... nicht** Ich habe meine Hausaufgaben noch nicht gemacht.

Neben der Übersetzung ins richtige Tempus sind auch die Frageformen, die verneinten Formen und die Verbindungen mit Modalverben zu beachten.

Beispiele:

(1) I had	my car repaired.
	object + past participle Dieser Teil des Satzes bleibt unverändert.
Ich ließ	mein Auto reparieren.
(2) *I don't have*	*my car repaired.*
Ich lasse	mein Auto nicht reparieren.
(3) *I have had*	*the letter translated.*
Ich habe	den Brief übersetzen lassen.
(4) *I can have*	*the car washed.*
Ich kann	den Wagen waschen lassen.
(5) *I must have*	*the bike repaired.*
Ich muß	das Fahrrad reparieren lassen.
(6) *I had to have*	*the bike repaired.*
Ich mußte	das Fahrrad reparieren lassen.
(7) *Did you have*	your car repaired?
Hast du	dein Auto reparieren lassen?

Useful vocabulary	Nützliche Wörter
yet He is rather fat and yet he can run very fast	**dennoch, trotzdem** Er ist ziemlich fett, und trotzdem kann er sehr schnell laufen.
moreover We cannot go out because it is a stormy night, moreover, you haven't finished your homework yet.	**außerdem, überdies** Wir können nicht ausgehen, weil es eine stürmische Nacht ist, außerdem hast du deine Hausaufgaben noch nicht gemacht.
anyhow It was raining, but we didn't want to go out anyhow.	**sowieso** Es regnete, aber wir wollten sowieso nicht ausgehen.
somehow We must get to York by 4 o'clock somehow.	**irgendwie** Wir müssen bis 4 Uhr irgendwie nach York kommen.

Übersetze:

1. I at last found a garage where I had my car repaired instantly.
2. We got a letter from Spain, but we weren't able to read it. So we had it translated by José.
3. By the way, when did you have the grass cut?
4. Our car isn't too dirty, but I'm going to have it washed anyway.
5. I couldn't repair our typewriter either. I only tried, but in vain. So I had it repaired.
6. Where is your long hair? Did you have to have it cut because of your father?
7. We are having our house painted at present.
8. How often do you have your car checked?
9. Tom has just had a computer installed in his room.
10. Did he paint the house himself? – No, he had it painted.

Useful vocabulary	Nützliche Wörter
anywhere Put the box down anywhere.	**egal wo, irgendwo** Stell die Kiste irgendwo ab.
anyway It was raining, but we didn't want to go out anyway.	**sowieso; trotzdem** Es regnete, aber wir wollten sowieso nicht ausgehen.
Mum told me to stay in bed, but I'm going to Jill's party anyway.	Mutter sagte mir, ich solle im Bett bleiben, aber ich werde trotzdem zu Jills Party gehen.
once I was to take the pills once a day.	**einmal; früher einmal, einst; sobald** Ich sollte die Pillen einmal am Tag nehmen.
I knew him once.	Ich kannte ihn früher einmal.
Once I'm in Spain, I'll swim every day.	Sobald ich in Spanien bin, gehe ich jeden Tag schwimmen.
all at once Don't all speak at once.	**alle auf einmal; auf einmal** Sprecht nicht alle auf einmal!
All at once the lights went out.	Auf einmal gingen die Lichter aus.
once in a while We go the cinema once in a while.	**hin und wieder** Wir gehen hin und wieder ins Kino.

B Übersetzungsaufgabe

Wortangaben

Z. 1	**(to) estimate:**	schätzen
Z. 4	**newcomer:**	Neuankömmling
Z. 7	**burden:**	Last, Belastung, Bürde
Z. 7	**social services:**	soziale Einrichtungen
Z. 9	**wage:**	Lohn
Z. 12	**government official:**	Regierungsbeamter

Illegal immigrants

Not all immigrants *enter*[1] the United States legally. It is estimated that, for example in 1984, *at least*[2] 500,000 people entered the United States illegally.

Native born[3] Americans and legal newcomers worry about the illegal immigrants, because they believe that illegal immigrants take jobs from the people of the United States, especially from minority people and young people. Moreover, they can *be*[4] a heavy financial burden on social services.

Some American employers also take advantage of illegal workers, *paying*[5] them less than the legal minimum wage, and some *make*[6] the illegal workers work under very bad conditions. The illegal immigrants cannot complain if they want to stay in the United States, *for*[7] if they do complain, the employer can turn them over to the government officials and *have them sent*[8] out of the country.

1 Suche eine bessere Entsprechung als "betreten, eintreten"!
2 [!]
3 In Amerika ...
4 Welches deutsche Verb paßt hier besonders gut?
5 Dt.: ... indem ...
6 [!]
7 "for" signalisiert hier eine Begründung [!]
8 [!] siehe Teil A

C Lösungen

Übungen

Aufgabe 1

1. Endlich fand ich eine Werkstatt, wo ich mein Auto sofort reparieren ließ.
2. Wir erhielten einen Brief aus Spanien, aber wir konnten ihn nicht lesen. Deshalb ließen wir ihn von José übersetzen.
3. Übrigens, wann hast du den Rasen mähen lassen?
4. Unser Wagen ist nicht zu schmutzig, aber ich werde ihn dennoch waschen lassen.
5. Ich konnte unsere Schreibmaschine auch nicht reparieren. Ich versuchte es nur, aber es war vergebens. Deshalb ließ ich sie reparieren.
6. Wo sind deine langen Haaree? Mußtest du sie wegen deines Vaters schneiden lassen?
7. Wir lassen im Moment unser Haus streichen.
8. Wie oft läßt du deinen Wagen überprüfen?
9. Tom hat sich gerade in seinem Zimmer einen Computer anschließen lassen.
10. Hat er das Haus selbst gestrichen? – Nein, er ließ es streichen.

Wörter zum Merken	

Illegal immigrants

Not all immigrants enter the United States *legally*[1]. It is estimated that, for example in 1984, at least 500,000 people entered the United States illegally.

Native born[2] Americans and legal *newcomers worry about*[3] the illegal immigrants, because they believe that illegal immigrants take jobs from the people of the United States, especially from minority people and young people. Moreover, they can be a heavy financial burden on social services.

Some American employers also take advantage of illegal workers, paying them less than the legal minimum wage, and some make the illegal workers work under very bad conditions. The illegal immigrants cannot complain if they want to stay in the United States, for if they *do*[4] complain, the employer can turn them over to the government officials and have them *sent out*[5] of the country.

1 auch: legal
2 auch: In Amerika geborene ...
3 auch: machen sich Sorgen, sind besorgt
4 Hervorhebung, im Englischen mit der Umschreibung mit "to do", vgl. "emphatic use of 'to do'"
5 wörtl. Übersetzung hier nicht möglich

Illegale Einwanderer

Nicht alle Einwanderer kommen *auf legale Weise*[1] in die Vereinigten Staaten. Man schätzt, daß z. B. 1984 mindestens 500.000 Menschen illegal in die USA kamen.

Gebürtige[2] Amerikaner und legale *Neuankömmlinge sehen*[3] die illegalen Einwanderer *mit Sorge*[4], weil sie glauben, daß die illegalen Einwanderer den Amerikanern, besonders den Angehörigen von Minderheiten und den Jugendlichen, Arbeitsplätze wegnehmen. Außerdem können sie eine schwere finanzielle Belastung für die sozialen Enrichtungen bedeuten.

Einige amerikanische Arbeitgeben nutzen die illegalen Arbeiter auch aus, indem sie ihnen weniger als den gesetzlichen Mindestlohn bezahlen, und einige lassen die illegalen Arbeiter unter sehr schlechten Bedingungen arbeiten. Die illegalen Einwanderer können sich nicht beschweren, wenn sie in den Vereinigten Staaten bleiben wollen, denn wenn sie sich *doch*[4] beschweren, kann der Arbeitgeber sie an Regierungsbeamte übergeben und sie aus dem Land *ausweisen*[5] lassen.

Text 7: The Indians and the moving frontier

A Übungen

Aufgabe 1: Adverbien

Versuche, die folgenden Sätze ohne Wörterbuch zu übersetzen, trage die Bedeutung der hervorgehobenen Adverbien in die nachfolgende Tabelle ein. Ziehe erst in einem zweiten Durchgang ein Wörterbuch zu Rate.

a) Grad- und Satzadverbien sind sehr sinntragend und bedeutungsentscheidend. Bei einer Übersetzung muß man ihre deutsche Bedeutung einfach wissen.

Übersetze folgende Sätze:

1. **Apparently** he knew the book well.
2. That man was **evidently** an important person.
3. His idea is **definitely** an improvement.
4. Is she interested in astronomy? – **Strangely** enough, she is.
5. **Undoubtedly** many people in Africa live in poverty.
6. She was **admittedly** a good worker.
7. **Obviously** he was happy when his son had passed the exam.
8. She **certainly** works hard.
9. Is she **actually** going to sell her house?
10. It started to rain, but **luckily** I had an umbrella with me.
11. He is **particularly** fond of chocolate.
12. **Honestly**, I didn't do that.
13. **Unfortunately,** he broke his arm on the first day of his holidays.
14. Is that correct? **Basically**, yes.
15. **Fortunately**, it was a fine day for her party.
16. **By the way**, I must leave earlier today.
17. **Luckily**, there wasn't much traffic on the roads.
18. **Possibly**, he'll win the race.

Übersetze auch die einzelnen Adverbien, damit du sie dir besser einprägen kannst:

1. **apparently:** anscheinend, offenbar
2. **evidently:** ______________________
3. **definitely:** ______________________
4. **strangely enough:** ______________________

5. **undoubtedly:** ______________________
6. **admittedly:** ______________________
7. **obviously:** ______________________
8. **certainly:** ______________________
9. **actually:** ______________________
10. **luckily:** ______________________
11. **particularly:** ______________________
12. **honestly:** ______________________
13. **unfortunately:** ______________________
14. **basically:** ______________________
15. **fortunately:** ______________________
16. **by the way:** ______________________
17. **luckily:** ______________________
18. **possibly:** ______________________

Useful vocabulary	**Nützliche Wörter**
[!] Folgende Konstruktionen mit *"(to) be"* legen oft vom Kontext her nahe, sich von der Grundbedeutung zu einer etwas freieren Fassung durchzuringen.	
(to) be sure I'm sure he'll come.	**(sich) sicher sein** Er kommt sicherlich.
(to) be eager The settlers were eager to move westwards.	**begierig, erpicht sein** Die Siedler brannten darauf, nach Westen zu ziehen.
(to) be fond of He is fond of eating chocolate ice-cream.	**etwas (sehr) gern tun** Er ißt Schokoladeneis besonders gern.
(to) be keen on He is keen on hunting.	**begierig, erpicht sein** Er ist begeisterter Jäger.

b) In ähnlicher Weise könne Wendungen in der Bauform "Adverb + Partizip" einen ganzen Satz kommentieren. Übersetze folgende Sätze:

1. Strictly speaking, American English is a language of its own.
2. Honestly speaking, I wouldn't buy that small computer. It's only a toy.
3. Broadly speaking, women are better drivers than men.
4. Roughly speaking, the Indians' standard of living has improved.
5. Generally speaking, women live longer than men.

Neben Wendungen mit "speaking" gibt es auch noch andere Zusammensetzungen dieser Art.
Übersetze entsprechend.

6. Circumstances permitting, we can move into our new house next month.
7. Talking of money, I'd like to know how much you paid for that car.
8. Time permitting, the President will visit some towns in the South.
9. God willing, we will all be saved.
10. Judging from her clothes, she's got a well-paid job.
11. Weather permitting, we'll have our party on the beach.
12. Talking of holidays, where are you going this year?
13. He is not – strictly speaking – a translator.
14. Considering his youth, he has done a good job.

Useful vocabulary	Nützliche Wörter
[!] Oft verwechselte Wörter	
(to) lay, laid, laid	**legen**
She laid the book down on the table.	Sie legte das Buch auf den Tisch.
She laid the table for six people.	Sie deckte den Tisch für sechs Personen.
(to) lie, lay, lain	**liegen**
The cat was lying in front of the door.	Die Katze lag vor der Tür.
Snow lay six inches deep.	Der Schnee lag sechs Zoll hoch.
(to) lie (lying), lied, lied	**lügen**
She was lying when she said she hadn't taken the money.	Sie log, als sie sagte, sie hätte das Geld nicht genommen.
lie	**Lüge**
She's been telling lies about her father.	Sie hat über ihren Vater Lügen erzählt.

Aufgabe 2: Arbeit mit demWörterbuch

Die Erschließung der Bedeutung eines an sich unbekannten Wortes über den Wortstamm ist beim Übersetzen eine wertvolle Hilfe.

Bei einigen Wörtern ist jedoch der Wortstamm nicht unbedingt sofort erkennbar. Hier hilft dann beim ersten Vorkommen nur das Wörterbuch.

Benenne für folgende Adjektive und das folgende Verb die dazugehörigen Substantive. Benutze in Zweifelsfällen das Wörterbuch.
(Hilfestellung: Alle Substantive enden mit *-th.*)

1. long	________________	2. wide	________________
3. strong	________________	4. wealthy	________________
5. broad	________________	6. deep	________________
7. healthy	________________	8. (to) grow	________________

Useful vocabulary	Nützliche Wörter
! Oft verwechselte Wörter	
little – less – (the) least	**wenig, weniger, am wenigsten**
She says she can see little advantage.	Sie sagt, sie kann kaum einen Vorteil sehen.
I have little interest in our local youth club. I go there little. We see little of him.	Unser Jugendclub am Ort interessiert mich wenig. Ich gehe wenig dorthin. Wir sehen ihn selten.
many – more – (the) most	**viele, mehr, am meisten (für Zählbares)**
Have you got any cigarettes on you? – Not many.	Hast du Zigaretten bei dir? – Nicht viele.
I've been to that theatre many a time.	Ich bin viele Male/oft in diesem Theater gewesen.
much – more – (the) most	**viel, mehr, am meisten (für Unzählbares)**
Have you saved much money by giving up smoking? – Not much.	Hast du viel Geld gespart, dadurch daß du das Rauchen aufgegeben hast? – Nicht viel.
I don't like that film much.	Ich mag den Film nicht sehr.

B Übersetzungsaufgabe

Wortangaben

Z. 1	**boundary:**	Grenze
Z. 5	**rifle:**	Gewehr
Z. 5	**self-confidence:**	Selbstvertrauen
Z. 9	**(to) strike back: (struck, struck)**	zurückschlagen, sich zur Wehr setzen
Z. 10	**warfare:**	hier: Krieg
Z. 14	**(to) assimilate:**	anpassen

The Indians and the moving frontier

At the time of the American Revolution, the western boundary of the United States was the Apalachian Mountains. Land had become expensive in the colonies and many people were eager to settle the *wilderness*[1] that lay beyond these mountains.

Armed only with an *ax*[2], a rifle and their own self-confidence, these people *founded*[3] settlements in the forests of Kentucky, Tennessee and Ohio. The laws and *ways*[4] of the eastern cities had little meaning to them in the wilderness. The Indians fought these invaders of their *hunting grounds*[5] by attacking frontier settlements. The white settlers struck back, often *massacring*[6] whole Indian villages. *Indian*[7] warfare soon became a part of frontier life.

In the years to come the United States tried different ways of solving their "Indian problem". Basically they had one idea in common: The Indian had either to be assimilated or *removed*[8] farther west to make room for the European civilization the white Americans felt *was to*[9] rule the continent.

1 erschließbar über das Deutsche
2 kein Druckfehler, sonder *AE*; *BE*;: axe
3 [!] nicht verwechseln mit *"(to) find* – found – *found"*
4 Übersetzungshilfe: Ergänze zu: ... "way(s) of living"
5 Übertragung Wort für Wort
6 ähnlich im Deutschen
7 nicht als deutsches Adjektiv übersetzen
8 nicht isoliert übersetzen, die folgenden Wörter können helfen
9 *"(to) be to"* – dt. "sollen"

C Lösungen

Übungen

Aufgabe 1

a) *Übersetzung der ganzen Sätzen:*

1. Anscheinend kannte er das Buch gut.
2. Offensichtlich war dieser Mann eine bedeutende Persönlichkeit.
3. Seine Idee ist zweifelsohne eine Verbesserung.
4. Interessiert sie sich für Astronomie? - Seltsamerweise ja.
5. Zweifellos leben viele Menschen in Afrika in Armut.
6. Sie war zugegebenermaßen eine gute Arbeitskraft.
7. Offensichtlich war er sehr glücklich, als sein Sohn die Prüfung bestanden hatte.
8. Sie arbeitet sicherlich hart.
9. Will sie tatsächlich ihr Haus verkaufen?
10. Es fing an zu regnen, aber zum Glück hatte ich einen Schirm bei mir.
11. Schokolade mag er ganz besonders.
12. Ganz ehrlich, ich habe das nicht getan.
13. Unglücklicherweise brach er sich den Arm am ersten Tag seiner Ferien.
14. Ist das richtig? - Im Prinzip ja.
15. Zum Glück war es ein schöner Tag für die Party.
16. Übrigens muß ich heute früher losgehen.
17. Glücklicherweise war nicht viel Verkehr auf den Straßen.
18. Womöglich / Möglicherweise gewinnt er das Rennen.

Übersetzung der einzelnen Adverbien:

1. anscheinend, offenbar – 2. offensichtlich, offenbar – 3. zweifelsohne, bestimmt, sicherlich – 4. seltsamerweise, sonderbarerweise, merkwürdigerweise – 5. zweifellos, ohne jeden Zweifel – 6. zugegebenermaßen – 7. offensichtlich – 8. sicherlich – 9. tatsächlich – 10. glücklicherweise, zum Glück – 11. besonders – 12. ganz ehrlich, ehrlich (gesagt) – 13. unglücklicherweise – 14. im Grunde, im Prinzip – 15. zum Glück, glücklicherweise – 16. übrigens, nebenbei gesagt – 17. möglicherweise, womöglich –

b)
1. Genaugenommen ist das amerikanische Englisch eine Sprache für sich.
2. Ehrlich gesagt, ich würde diesen kleinen Computer nicht kaufen. Er ist nur ein Spielzeug.
3. Ganz allgemein gesagt, sind Frauen bessere Autofahrer als Männer.

4. Grob gesagt hat sich der Lebensstandard der Indianer verbessert.
5. Allgemein (gesagt) leben Frauen länger als Männer.
6. Wenn es die Umstände erlauben / Unter Umständen können wir nächsten Monat in unser neues Haus (ein)ziehen.
7. Da wir gerade von Geld reden, da würde ich doch gern wissen, wieviel du für dieses Auto bezahlt hast.
8. Wenn es die Zeit erlaubt, wird der Präsident einige Städte im Süden besuchen.
9. So Gott will, werden wir alle gerettet werden.
10. Von ihrer Kleidung her zu urteilen, hat sie eine gutbezahlte Arbeit.
11. Wenn es das Wetter erlaubt, werden wir unsere Party am Strand feiern.
12. Da wir gerade von Urlaub reden: Wohin fahren Sie dieses Jahr?
13. Genaugenommen ist er kein Übersetzer.
14. Wenn man seine Jugend bedenkt, / In Anbetracht seiner Jugend hat er gute Arbeit geleistet.

Aufgabe 2

1. length – 2. width – 3. strength – 4. wealth – 5. breadth – 6. depth – 7. health – 8. growth

Wörter zum Merken	

The Indians and the moving *frontier*[1]

At the time of the *American Revolution*[2], the western boundary of the United States was the Apalachian Mountains. Land had become expensive in the colonies and many people were eager to settle the wilderness that lay *beyond*[3] these mountains.

Armed only with an ax, a rifle and their own self-confidence, these people founded settlements in the forests of Kentucky, Tennessee and Ohio. The laws and ways of the eastern cities had little meaning to them in the wilderness. The Indians *fought*[4] these invaders of their hunting grounds by attacking *frontier settlements*[5]. The white settlers struck back, often massacring whole Indian villages. Indian warfare soon became a part of frontier life.

In the years to come[6] the United States tried different *ways*[7] of solving their "Indian problem". *Basically*[8] they had one idea in common: The Indian had either to be assimilated or removed farther west to make room for the European civilization the white Americans felt was to rule the continent.

[1] Bei diesem Begriff aus der amerikanischen Geschichte werden vom Übersetzer historische und landeskundliche Kenntnisse gefordert. Der Begriff *"frontier"* hat im *AE* die historische Bedeutung der sich während der Besiedlung Nordamerikas durch die Weißen immer mehr nach Westen verschiebenden Grenze zwischen Indianergebiet und Siedlungsgebiet für Weiße. Hierfür erscheint dann die deutsche Entsprechnung "Besiedlungsgrenze" angemessen. Es sprechen allerdings auch gute Gründe dafür, *"frontier"* gar nicht zu übersetzen, sondern in Anführungszeichen, quasi als nicht übertragbares englisches Wort, in die deutsche Übersetzung zu übernehmen.

[2] auch: amerikanischer Unabhängigkeitskrieg

[3] auch: jenseits

[4] auch: kämpfen gegen ...

[5] auch: Siedlungen an der Grenze

[6] auch: In den folgenden Jahren ...

[7] auch: Wegen

[8] auch: im Grunde

Die Indianer und die sich verschiebende *Besiedlungsgrenze*[1]

Zur Zeit der *amerikanischen Revolution*[2] war das Apalachen-Gebirge die westliche Grenze der Vereinigten Staaten. Land war in den Kolonien teuer geworden, und viele Leute brannten darauf, die Wildnis zu besiedeln, die *hinter*[3] diesen Bergen lag.

Bewaffnet nur mit einer Axt, einem Gewehr und ihrem Selbstvertrauen gründeten diese Leute Siedlungen in den Wäldern von Kentucky, Tennessee and Ohio. Die Gesetze und die Lebensweise in den Städten des Ostens hatten für sie in der Wildnis wenig Bedeutung. Die Indianer *bekämpften*[4] diese Eindringlinge in ihre Jagdgründe, indem sie *Grenzsiedlungen*[5] angriffen. Die weißen Siedler schlugen zurück und schlachteten oft ganze Indianerdörfer ab. Krieg mit den Indianern wurde bald ein Teil des Lebens an der Grenze.

In den *Folgejahren*[6] versuchten die Vereinigten Staaten auf verschiedene *Weisen*[7] ihr "Indianerproblem" zu lösen. Sie hatten *im Prinzip*[8] einen Gedanken gemeinsam: Der Indianer mußte entweder angepaßt oder weiter nach Westen umgesiedelt werden, um Platz für die europäische Zivilisation zu machen, die nach Meinung der weißen Amerikaner den Kontinent beherrschen sollte.

Text 8: The United States – still a melting pot?

A Übungen

Aufgabe 1: Im Englischen "Verb" – im Deutschen "Adverb"

Einige englische Verben werden im Deutschen als Adverbien wiedergegeben. Übersetze folgende Sätze mit Hilfe eines deutschen Adverbs. Trage dann die deutschen Bedeutungen zum Wiederholen und Lernen in die freien Zeilen darunter ein.

1. John likes cycling.
2. Jean is fond of cycling, too.
3. Alexander prefers cycling to walking.
4. Susan hates cycling.
5. Ruth loves cycling.
6. Kate enjoys cycling.

(to) like doing s.th.	etwas **gern** tun
(to) be fond of doing s.th.	etwas **sehr gern** tun
(to) prefer doing s.th.	______________________
(to) hate doing s.th.	______________________
(to) love doing s.th.	______________________
(to) enjoy doing s.th.	______________________

7. I happened to meet her at the station.
8. Jean is likely to win the match.
9. Sharon is unlikely to come.
10. There used to be a factory on that side.
11. I'm afraid (that) I can't help you with that exercise.
12. I hope to see you next week.

(to) happen to	______________________
(to) be likely to	______________________
(to) be unlikely to	______________________
... used to ...	______________________
I'm afraid (that)	______________________
(to) hope to	______________________

13. Kate is known to be afraid of mice.
14. They are sure to win the match.
15. Keep on taking those tablets.
16. I told him to come out. But he just went on watching TV.
17. Where is John? – At home, I suppose.
18. Winter seems to have come at last.
19. The Kleins are certain to visit London and York.

(to) be known to	____________________
(to) be sure to	____________________
(to) keep on doing s.th.	____________________
(to) go on doing s.th.	____________________
... I suppose ...	____________________
(to) seem to	____________________
(to) be certain to do s.th.	____________________

Useful vocabulary	Nützliche Wörter
Die folgenden Wendungen stehen gelegentlich am Satzanfang und bringen einen so beim Übersetzen ins Schwitzen. Wenn du sie noch nicht kennst, lernst du sie am besten auswendig.	
instead He didn't inform the police. Instead he ran away.	**anstatt, stattdessen** Er informierte nicht die Polizei. Stattdessen rannte er davon.
apart from that The lights aren't working, but apart from that, the car is O.K.	**außerdem; abgesehen davon** Die Lichter funktionieren nicht, aber abgesehen davon ist das Auto in Ordnung.
moreover You can't go out tonight because the weather is too bad; moreover your homework hasn't been done.	**außerdem, überdies** Du kannst heute abend nicht (r)ausgehen, weil das Wetter zu schlecht ist; und was noch dazukommt, deine Hausaufgaben sind noch nicht gemacht.

Aufgabe 2: "as" – ein Wort mit vielfältiger Bedeutung

"As" kann vielerlei Bedeutungen haben. Versuche zur Übung die folgenden Sätze mit *"as"* zu übersetzen.

1. As she stood there she saw three men enter the house.
2. As it grew darker, it became colder.
3. As we left the house we remembered the open window.
4. As you can't drive you must go by bus.
5. You must do as the policeman tells you.
6. English becomes more and more difficult as you go on.
7. As he told me the other day his wife left him last month.
8. We drink coffee as a rule.
9. She speaks Spanish as well.
10. You may use my car as long as you are here.
11. Susan is as good as Sally.
12. Keith works as a teacher.
13. He is very clever, as is his sister.
14. As for you, you must go to bed now, Charlie.
15. – I don't suppose you know her. – As a matter of fact, I do.

Useful vocabulary	Nützliche Wörter
on the contrary This book is not a boring story, on the contrary, the story is really exciting.	**im Gegenteil** Das Buch ist keine langweilige Geschichte, im Gegenteil, die Geschichte ist wirklich spannend.
on the one hand ... on the other hand ... On the one hand he is good at maths, on the other hand he's got some difficulties in English.	**einerseits ... andererseits ...** Einerseits ist er gut in Mathematik, andererseits hat er einige Schwierigkeiten in Englisch.
in my opinion In my opinion, Jack is the best team captain.	**meiner Meinung nach** Meiner Meinung nach ist Jack der beste Mannschaftskapitän.
in the end In the end France agreed to Britain's membership of the EC.	**schließlich** Schließlich stimmte Frankreich der EG-Mitgliedschaft Großbritanniens zu.

Aufgabe 3: Stolperstein "still"

Dieses kleine englische Wort hat einige Bedeutungen:

still:	Adjektiv:	ruhig
	Adverb:	1. (immer) noch
		2. (sogar) noch
		3. dennoch

Finde die passende Bedeutung für folgende Sätze und übersetze diese:

1. Please stand **still** while I'm taking your photo.
2. We **still** went on holiday although we had no money at all.
3. It will be cold tomorrow morning, and it will be colder **still** at night.
4. We've **still** got some money left.
5. We're **still** hoping to work in Australia.
6. **Still** more strikes are expected.
7. I only have an old car; **still** it is better than nothing.
8. Do you **still** go to the same school?
9. We didn't want to go to that party ... **still**, we promised, so we had to.
10. I suppose there is **still** a chance for him.
11. How about a beer? Or better **still**, a glass of wine.

Useful vocabulary	Nützliche Wörter
'd rather (= would rather) I'd rather play football than do my homework. Are you going to Jean's party? I'd rather not. They'd rather we went with them.	**würde (...) lieber** Ich würde lieber Fußball spielen als meine Hausaufgaben machen. Gehst du zu Jeans Party? Lieber nicht. Ihnen wäre es lieber, wir gingen mit ihnen mit.
'd better (= had better) You'd better hurry up if you want to catch the bus.	**sollte (...) lieber/besser** Du solltest dich lieber beeilen, wenn du den Bus erwischen willst.
He'd better stay in bed if he's got a cold.	Er sollte besser im Bett bleiben, wenn er eine Erkältung hat.
Listen, the phone's ringing again. Hadn't you better answer it?	Hör doch, das Telefon klingelt schon wieder. Solltest du nicht besser rangehen?

B Übersetzungsaufgabe

Wortangaben

Z. 1	**melting pot**:	Schmelztiegel
Z. 9	**security**:	Sicherheit

The United States – still a melting pot[1]?

Americans[2] used to think of the United States as a "melting pot" of immigrants. A "melting pot" meant that *as*[3] immigrants from many different cultures came to the United States, their old *ways*[4] *melted away*[5] and they became part of a completely new culture.

Today Americans realize that the "melting pot" theory no longer holds true. Instead, different groups of people keep many of their old customs. Often groups of Americans from the same culture live together in *communities*[6] such as *"Chinatowns"*[7] or *"Little Italys"*[7], which can be found in many large American cities. This gives new Americans the security of sharing a common language and common traditions *with people who understand them*[8].

In time[9], however, people from different *backgrounds*[10] mix together, and old traditions give way to new customs. The children of immigrants are often eager *to adopt*[11] new American ways. They often want to dress in American fashions, to speak English and to follow *American social*[12] customs.

1 Die Überschrift läßt sich besser als Satz wiedergeben.
2 Artikel nicht vergessen!
2 *"as" = "when"*
4 Übersetzungshilfe: *"ways (of living)"*
5 *"to melt"* siehe *"melting pot"* [!] Übersetzungshilfe mit neuem Subjekt im deutschen Satz: ... sie (= die Einwanderer) legten ... ab
6 *"community"* = Gemeinde, Gemeinschaft – Was paßt hier besser in Verbindung mit *"larger cities"* und *"Chinatowns"*?
7 nicht übersetzbar
8 [!] Ziehe diesen Teil in der Übersetzung vor zu "... *security of sharing* ..."
9 Übersetzungshilfe: *"In (the course of) time ..."*
10 [!] muß freier übersetzt werden
11 erschließbar über das ähnliche deutsche verb
12 [!] nicht adjektivisch übersetzen! – Übersetzungshilfe: *"... customs in the American society."*

C Lösungen

Übungen

Aufgabe 1

1. John fährt gern Rad.
2. Jean fährt auch sehr gern Rad.
3. Alexander fährt lieber Rad, als daß er zu Fuß geht.
4. Susan fährt ungern Rad. / ... überhaupt nicht gern.
5. Ruth fährt sehr gern Rad.
6. Kate fährt gern Rad.
7. Zufällig traf ich sie am Bahnhof.
8. Jean gewinnt wahrscheinlich das Spiel.
9. Sharon kommt wahrscheinlich nicht.
10. Früher war auf jener Seite eine Fabrik.
11. Ich kann dir bei dieser Aufgabe leider nicht helfen.
12. Ich sehe dich hoffentlich nächste Woche.
13. Kate hat bekanntlich Angst vor Mäusen.
14. Sie gewinnen das Spiel bestimmt.
15. Nehmen Sie weiter diese Tabletten.
16. Ich sagte ihm, er solle rauskommen. Aber er hat einfach weiter ferngesehen.
17. Wo ist John? – Vermutlich zu Hause.
18. Anscheinend ist der Winter endlich gekommen.
19. Die Kleins besuchen sicher London und York.

Aufgabe 2

1. Während sie dort stand, sah sie drei Männer das Haus betreten.
2. Als/Da es dunkler wurde, wurde es kälter.
3. Beim Hinausgehen fiel uns das offene Fenster ein.
4. Da du nicht autofahren kannst, mußt du mit dem Bus fahren.
5. Du mußt das tun, was dir der Polizist sagt.
6. Englisch wird immer schwerer, je mehr man darin Fortschritte macht.
7. Wie er mir neulich sagte, hat ihn seine Frau letzten Monat verlassen.
8. In der Regel trinken wir Kaffee.
9. Sie spricht auch Spanisch.
10. Du kannst meinen Wagen benutzen, solange du da bist.
11. Susan ist genauso gut wie Sally.
12. Keith arbeitet als Lehrer.

13. Er ist sehr intelligent, genau wie seine Schwester.
14. Was dich angeht, so mußt du jetzt ins Bett, Charlie.
15. Ich glaube nicht, daß du sie kennst. – Aber klar / ja doch!

Aufgabe 3

1. Bitte stehen Sie still, während ich Sie photographiere.
2. Wir gingen dennoch in Urlaub, obwohl wir überhaupt kein Geld hatten.
3. Morgen früh wird es kalt sein und in der Nacht noch kälter.
4. Wir haben immer noch Geld übrig.
5. Wir hoffen immer noch auf Arbeit in Australien.
6. Es werden immer noch mehr Streiks erwartet.
7. Ich habe nur ein altes Auto, dennoch ist das besser als gar nichts.
8. Gehst du immer noch auf die gleiche Schule?
9. Wir wollten nicht auf diese Party gehen, aber wir hatten es versprochen, und so mußten wir (dennoch).
10. Ich denke, daß es für ihn immer noch eine Chance gibt.
11. Wie wäre es mit einem Bier? Oder noch besser, mit einem Glas Wein.

Wörter zum Merken	

The United States – still a melting pot[1]?

Americans used to *think of*[1] the United States as a "melting pot" of immigrants. A "melting pot" meant that as immigrants from many different cultures came to the United States, their old ways *melted away*[2] and they became part of a completely new culture.

Today Americans realize that the "melting pot" theory no longer *holds true*[3]. Instead, different groups of people *keep*[4] many of their old *customs*[5]. Often groups of Americans from the same culture live together in communities such as "Chinatowns" or "Little Italys", which *can be found*[6] in many large American cities. This gives new Americans the security of sharing a common language and common traditions with people who understand them.

In time, however, people from different *backgrounds*[7] mix together, and old traditions *give way*[8] to new customs. The children of immigrants are often eager to adopt new American ways. They often want to dress in American fashions, to speak English and to follow American social *customs*[9].

1 auch: dachten ... daß die USA ...
2 auch: ... ihre alten Lebensgewohnheiten verschwänden ...
3 auch: ... gelten
4 auch: behalten
5 auch: Sitten
6 Das Passiv klingt hier im Deutschen etwas plump.
7 "Abstammung" ist hier besser als "Herkunft", da mit letzterem auch die soziale Schicht gemeint sein könnte.
8 auch: weichen
9 siehe Anmerkung 5

Sind die Vereinigten Staaten immer noch ein Schmelztiegel?

Die Amerikaner *stellten*[1] sich früher die Vereinigten Staaten als eine Art Schmelztiegel für die Einwanderer vor. Ein Schmelztiegel bedeutete, daß wenn Einwanderer aus vielen verschiedenen Kulturen in die Vereinigten Staaten kamen, *sie ihre alten Lebensgewohnheiten ablegten*[2] und sie ein Teil einer völlig neuen Kultur wurden.

Heute erkennen die Amerikaner, daß die Schmelztiegel-Theorie sich nicht länger *bewahrheitet*[3]. Stattdessen *bewahren*[4] die verschiedenen Bevölkerungsgruppen viele ihrer alten *Bräuche*[5]. Oft leben amerikanische Bevölkerungsgruppen aus derselben Kultur in Stadtteilen wie z. B. die "Chinatowns" oder "Little Italys", die *man*[6] in vielen großen Städten Amerikas *finden kann*[6]. Dies gibt den neuen Amerikanern die Sicherheit, mit Leuten, die sie verstehen, eine gemeinsame Sprache und gemeinsame Sitten zu teilen.

Mit der Zeit jedoch vermischen sich Menschen verschiedener *Abstammung*[7], und alte Traditionen *machen*[8] neuen Bräuchen *Platz*[8]. Die Kinder von Einwanderern brennen oft darauf, neue amerikansiche Lebensweisen zu übernehmen. Sie wollen sich oft nach amerikanischer Mode kleiden, Englisch sprechen und sich nach *Bräuchen*[9] in der amerikanischen Gesellschaft richten.

Text 9: A nation of diversity

A Übungen

Aufgabe 1: engl.: Plural – dt. Singular und umgekehrt

a) Einige englische Substantive werden im Gegensatz zu ihren deutschen Entsprechungen (auch) im Singular gebraucht.
Überprüfe dies bei der Übersetzung der folgenden Sätze.

1. John is still in hospital, but he's making good **progress**.
2. He has detailed **knowledge** of this period.
3. Could you give me some **information** about this matter?
4. This **furniture** is no good at all.
5. The **news** is very interesting.
6. His **advice** is always useful.
7. The **United States** has a powerful industry.
8. What is the **cost** of a two-week holiday on the Bahamas?

b) Umgekehrt dazu haben einige Pluralformen im Englischen in ihrer deutschen Entsprechung eine Singularform. Vergleiche beim Übersetzen.

1. Where are his **glasses**?
2. Be careful! Those **stairs** are old and dangerous.
3. Your **trousers** are being washed.
4. The **goods** were not delivered in time.
5. The **contents** of the suitcase have been examined.
6. The **police** are searching the forest.
7. Our **cattle** are in the fields.

Aufgabe 2: Wortgruppe "live"

Die folgenden Wörter dieser Wortgruppe werden oft verwechselt, oder es wird ihnen die falsche Bedeutung zugeordnet. So kommt es oft zu Übersetzungshindernissen.
Überprüfe deine Kenntnisse, indem du die Wörter aus folgendem Kasten in die Sätze auf der nächsten Seite einfügst und diese dann übersetzt.

to live (*verb*) [lɪv]		live (*adj/adv*) [laɪv]
life (*noun*) [laɪf]	*plural*: lives [laɪvz]	alive (*adj*) [ə'laɪv]

1. There was a film on TV about ____________ in New Zealand the other night.
2. Where do you ____________ ? – In York.
3. Did you watch the ____________ show on BBC 1 yesterday?
4. In the accident two people lost their ____________ .
5. The author ____________ in India.
6. I bought the fish an hour ago, but it is still ____________ .
7. After he had won in the lottery he said, "I'll ____________ in Florida for the rest of my ____________ .
8. ____________ five centuries ago wasn't as easy as it is today.
9. Tonight's TV programme will come ____________ from the stadium.
10. There was no sign of ____________ in the house.
11. My grandparents were ____________ when the first planes flew.
12. Does ____________ begin before you are born?
13. Her great-grandfather lost his ____________ in World War I.

Useful vocabulary	Nützliche Wörter
even Even the most clever pupil can make mistakes.	**sogar** Sogar der schlaueste Schüler kann Fehler machen.
even if She never wears socks, even if it is very cold.	**selbst wenn** Sie trägt nie Socken, selbst wenn es sehr kalt ist.
even so It was raining heavily, but even so we went for a walk.	**trotzdem** Es regnete stark, aber trotzdem gingen wir spazieren.
even though He didn't wear a pullover, even though it was very cold.	**obgleich** Er trug keinen Pullover, obgleich es sehr kalt war.

Aufgabe 3: Erschließen von Wortbedeutungen über den Wortstamm

Finde für die Übersetzung der folgenden Sätze die jeweils passende Bedeutung durch Ableitung. Schlage – falls nötig – nur jeweils das erste Wort jeder Wortreihe nach.

1. | character | → characterize → characteristic *(adj)* → characteristic *(n)*

   a) She has a strong character.
   b) How would you characterize her?
   c) That is characteristic of him.
   d) Being mobile is one of the characteristics of American society.

2. | (to) desire | → desire (n) → desirable

   a) Above all he desired success.
   b) He had the desire to succeed.
   c) Success was a desirable thing for him.

3. | race | → racial → racism → racist

   a) There are a lot of races in the world.
   b) The fight against racial discrimination must go on.
   c) There are many forms of racism in Europe, too.
   d) I think he is a racist.

Useful vocabulary	Nützliche Wörter
the ... the ... The less you work, the fatter you get.	**je ... desto ...** Je weniger du arbeitest, desto dicker wirst du.
the other day / the other week I met an old friend of mine in Manchester the other day.	**neulich, unlängst** Neulich traf ich in Manchester einen alten Freund von mir.
the other night Bromsley saw his sister at the station the other night.	**neulich abends** Bromsley sah neulich abends seine Schwester am Bahnhof.
then Our house was broken into in July. Unfortunately, we were in Scotland then.	**damals; zu der Zeit (u. a.)** Im Juli wurde in unser Haus eingebrochen. Unglücklicherweise waren wir zu dieser Zeit in Schottland.

4. (to) participate → participation → participant

a) Everyone can participate in this game.
b) He participated actively in a lot of political movements.
c) He was an active participant in the Civil Rights Movement.

5. profession → professional → professionalism

a) He's a doctor by profession.
b) He has become a professional footballer.
c) His professionalism is widely recognized.

6. poor → poorly → poverty

a) Bangladesh is one of the poorest countries in the world.
b) His room was poorly furnished.
c) Can the problem of poverty be solved without taking away something from the rich?

Useful vocabulary	Nützliche Wörter
! Flüchtigkeitsfehler	
Einige Wörter oder Wortgruppen sind einem beim Übersetzen sehr wohl bekannt, werden aber dennoch – oft aus Flüchtigkeit – ungenau übersetzt.	
this ... that ... This is a British car and that is a German car. This man here broke the window pane and that man over there opened the window then.	**dies(e/r) ... das; jene(s/r) ...** Dies ist ein englisches und das ist ein deutsches Auto. Dieser Mann (hier) warf die Fensterscheibe ein, und jener Mann (dort) öffnete dann das Fenster.
these ... those ... These people have got everything and those are the have-nots.	**diese ... jene ...** Diese Leute haben alles, und jene sind die Habenichtse.
much ... many ... How much do you earn? How many people work there?	**viel ... viele** Wieviel verdienst du? Wie viele Leute arbeiten dort?

B Übersetzungsaufgabe

Wortangaben

Titel	**diversity:**	Vielfalt, Verschiedenheit
Z. 5–6	**(to) keep s.o. from doing s.th.:**	jem. von etwas abhalten
Z. 7	**lack of opportunity:**	Mangel an Möglichkeit(en)
Z. 8	**(to) acquire:**	erwerben, erlangen
Z. 9	**occupation:**	Beruf
Z. 11	**(to) force:**	zwingen
Z. 12	**narrow sector:**	hier: Randbereiche

A nation of diversity

The United States *is*[1] a country of many population groups. These are made up of people who *share*[2] one or more characteristics which *make them different*[2] from others. Members of most population groups fully participate in American life, even if they keep alive many of their old traditions.

Some groups, *however*[3], suffer disadvantages which *continue*[4] to keep them from *freely*[5] participating in some areas of American professional and cultural life. Poverty and lack of opportunity often make it *more difficult*[6] for black Americans and Puerto Ricans to acquire the skills *needed*[7] to enter *more desirable*[6] and *more highly paid*[6] occupations. Racial *prejudice* [8] and discrimination against blacks, Chinese and Native Americans[9] has often meant that many members of those groups have been forced to live and work in narrow sectors of American society.

1 im Dt. Plural
2 Gegensatzpaar: "(to) share – (to) make different"
3 [!]
4 im Dt. als Adverb
5 Was paßt hier besser als "frei"? Übersetzungshilfe: frei = ohne Fesseln und Hindernisse = ???
6 [!] Komparative
7 im Dt. besser als Relativsatz zu übersetzen
8 im Dt. besser im Plural
9 [!] Wie lautet die im Dt. übliche Bezeichnung für die Ureinwohner Amerikas?

C Lösungen

Übungen

Aufgabe 1

a) 1. John ist noch im Krankenhaus, aber er macht gute Fortschritte.
   2. Er hat genaue Kenntnisse über diese Zeit/Periode.
   3. Können Sie mir Informationen über diese Angelegenheit geben?
   4. Diese Möbel sind überhaupt nicht gut.
   5. Die Nachrichten sind sehr interessant.
   6. Seine Ratschläge sind immer nützlich.
   7. Die Vereinigten Staaten haben eine mächtige Industrie.
   8. Wie hoch sind die Kosten für einen zweiwöchigen Urlaub auf den Bahamas?

b) 1. Wo ist meine Brille?
   2. Sei vorsichtig! Jene Treppe ist alt und gefährlich.
   3. Deine Hose wird gerade gewaschen.
   4. Die Ware wurde nicht rechtzeitig geliefert.
   5. Die Polizei durchsucht den Wald.
   6. Unser Vieh ist auf der Weide.

Aufgabe 2

1. life – 2. live – 3. live – 4. lives – 5. lives – 6. alive – 7. live; life – 8. Life – 9. live – 10. life – 11. alive – 12. life – 13. life

1. Am Samstag zeigte man im Fernsehen einen Film über das Leben in Neuseeland.
2. Wo wohnen Sie? – In York.
3. Hast du gestern die Liveshow auf BBC 1 gesehen?
4. Bei dem Unfall verloren zwei Menschen ihr Leben.
5. Der Autor lebt in Indien.
6. Ich kaufte den Fisch vor einer Stunde, aber er lebt immer noch.
7. Nachdem er in der Lotterie gewonnen hatte, sagte er:" Ich werde für den Rest meines Lebens in Florida leben."
8. Das Leben vor 500 Jahren war nicht so einfach wie heute.
9. Das heutige Fernsehprogramm kommt live aus dem Stadion.
10. In dem Haus gab es kein Lebenszeichen.
11. Meine Großeltern lebten (zu der Zeit), als die ersten Flugzuege flogen.
12. Beginnt das Leben, bevor man geboren wird?
13. Ihr Großvater verlor sein Leben im Ersten Weltkrieg.

Aufgabe 3

1. a) Sie hat einen starken Charakter.
   b) Wie würdest du sie charakterisieren?
   c) Das ist charakteristisch / typisch für ihn.
   d) Mobil zu sein / Mobilität ist eine der charakteristischen Eigenschaften / eines der Charakteristika der amerikanischen Gesellschaft.

2. a) Vor allem erstrebte er / wünschte er sich Erfolg.
   b) Er hatte den (starken) Wunsch nach Erfolg:
   c) Erfolg war eine erstrebenswerte Sache für ihn.

3. a) Auf der Welt gibt es viele Rassen.
   b) Der Kampf gegen die Rassendiskriminierung muß weitergehen.
   c) Auch in Europa gibt es viele formen des Rassismus.
   d) Ich glaube, er ist ein Rassist.

4. a) Jeder kann an diesem Spiel teilnehmen.
   b) Er nahm an vielen politischen Bewegungen aktiv teil.
   c) Er war ein aktiver Teilnehmer an der Bürgerrechtsbewegung.

5. a) Er ist Arzt von Beruf.
   b) Er ist Berufsfußballspieler geworden.
   c) Sein Professionalismus / Seine Art, wie ein Profi zu arbeiten, ist weitgehend anerkannt.

6. a) Bangladesh ist eines der ärmsten Länder der Welt.
   b) Sein Zimmer war dürftig / ärmlich möbliert.
   c) Kann das Problem der Armut gelöst werden, ohne daß man den Reichen etwas wegnimmt?

Wörter zum Merken	

A nation of diversity[1]

The United States is a country of many population groups. These are made up of people who share one or more *characteristics*[2] which make them different from others. Members of most population groups *fully*[4] *participate*[3] in American life, even if they *keep alive*[5] many of their old traditions.

Some groups, however, *suffer*[6] disadvantages which continue to keep them from freely participating in some areas of American professional and cultural life. Poverty and lack of opportunity often make it more difficult for black Americans and Puerto Ricans to *acquire*[7] the skills *needed*[8] to enter more desirable and more highly paid occupations. Racial prejudice and discrimination against blacks, Chinese and Native Americans has often meant that many members of those groups have been forced to live and work in narrow sectors of American society.

1 auch: vielfältige Nation / ... der Mannigfaltigkeit / Verschiedenheit / ... mit vielen Unterschieden
2 auch: Charakteristika
3 auch: teilhaben
4 besser: in jeder Hinsicht
5 auch: lebendig / aufrecht ...
6 auch: leiden ... an
7 auch: erlangen
8 auch möglich: Konstruktion im Aktiv mit "man": ... die man braucht, ...

Eine Nation der Vielfalt[1]

Die Vereinigten Staaten sind ein Land mit vielen Bevölkerungsgruppen. Diese setzen sich aus Menschen zusammen, die eine oder mehrere *charakteristische Eigenschaften*[2] gemeinsam haben, die sie von anderen unterscheiden. Die Mitglieder der meisten Bevölkerungsgruppen *nehmen*[3] *voll*[4] am Leben in Amerika *teil*[3], selbst wenn sie viele ihrer alten Traditionen *am Leben*[5] erhalten.

Einige Gruppen jedoch *erleiden*[6] Nachteile, die sie weiter(hin) davon abhalten, ungehindert an einigen Bereichen des beruflichen und kulturellen Lebens in Amerika teilzuhaben. Armut und Mangel an Möglichkeiten machen es oft für schwarze Amerikaner und Puertorikaner schwieriger, die Fertigkeiten zu *erwerben*[7], die *gebraucht werden*[8], um in erstrebenswertere und besser bezahlte Berufe hineinzukommen. Rassenvorurteile und Benachteiligungen für Schwarze, Chinesen und Indianer haben oft dazu geführt, daß viele Mitglieder jener Gruppen gezwungen (worden) sind, in Randbereichen der amerikanischen Gesellschaft zu leben und zu arbeiten.

Text 10: American traits

A Übungen

Aufgabe 1: Wortbaustein "-ness"

Sehr viele englische Adjektive werden durch Anhängen der Nachsilbe "*-ness*" zu einem abstrakten Substantiv. Die englische Nachsilbe "*-ness*" entspricht oft, aber nicht immer den deutschen Nachsilben "-heit" oder "-keit". Und genau dies ist die Schwierigkeit beim Übersetzen.

Bilde zu folgenden englischen Adjektiven abstrakte Substantive mit der Nachsilbe "*-ness*" und trage diese und die jeweilige deutsche Bedeutung in die entsprechende Spalte für die deutsche Bedeutung ein. (Achte dabei auch auf die eventuell vorzunehmenden Änderungen bei der Rechtschreibung des englischen Substantivs.)

bitter – busy – clever – eager – fit – friendly – happy – ill – lazy – lively – lonely – musical – nervous – polite – sad – sick – silly – sleepless – ugly – useful – weak – willing

Englisch	Deutsch		
"-ness"	**-heit**	**-keit**	**andere Form**
1. bitterness			
1.			
2.			
3.			
4.			
5.			
6.			
7.			
8.			
9.			
10.			

11.			
12.			
13.			
14.			
15.			
16.			
17.			
18.			
19.			
20.			
21.			
22.			

Useful vocabulary	Nützliche Wörter
[!] Kombinationen mit *"(to) look"* haben oft Bedeutungen, die recht weit vom Grundwort entfernt sind.	
(to) look after Who will look after my dog when I am away?	**betreuen, sich kümmern um** Wer wird sich um meinen Hund kümmern, wenn ich weg bin?
(to) look for He looked everywhere for his missing biro.	**suchen** Er suchte überall nach seinem fehlenden Kugelschreiber.
(to) look forward to I am looking forward to seeing you again.	**sich freuen auf** Ich freue mich darauf, dich wiederzusehen.
(to) look like What does she look like? It looks like rain.	**aussehen wie** Wie sieht sie aus? Es sieht nach Regen aus.
(to) look up You needn't look up all the words in the dictionary.	**nachschlagen (u. a.)** Du brauchst nicht alle Wörter im Wörterbuch nachzuschlagen.

Aufgabe 2: Von der Grundbedeutung zum idiomatisch richtigen Ausdruck

Oft kann man beim Übersetzen die Bedeutung eines englischen Worts oder Ausdrucks erkennen, kommt aber nicht auf Anhieb auf die passende deutsche Entsprechung. Dies ist besonders oft bei den englischen Allerweltsverben "*(to) do, (to) make, (to) take*" und "*(to) have*" der Fall. Hier ist gerade der Satzzusammenhang besonders hilfreich. Lies die folgenden Sätze durch und trage eine passende Bedeutung für die angegebenen verbalen Ausdrücke ein.

1. She didn't know which course to take, but then she made up her mind to take the course in typing.

   (to) make up one's mind ______________________________

2. He told the police that his car had been stolen. but that wasn't true. He had made the whole story up.

   (to) make s.th. up ______________________________

3. We all know that it takes a lot of courage to emigrate.

   (to) take courage ______________________________

4. She knew it was a risk, but she was willing to take it.

   (to) take a risk ______________________________

5. I didn't read the newspaper completely. I only had a look at it.

   (to) have a look at s.th. ______________________________

6. Have you had any breakfast?

   (to) have a breakfast ______________________________

7. It's always the same after every party. Nobody wants to do the dishes.

   (to) do the dishes ______________________________

8. He was doing 80 mph when the police stopped him.

   (to) do 80 mph ______________________________

9. I'm sure my teacher will have hysterics when he sees my essay.

   (to) have hysterics ______________________________

10. He made the point that Japanese cars are cheaper than British cars.

    (to) make a point ______________________________

11. The engine of my moped didn't work properly. I had to take it apart..
    (to) take apart ______________________

12. Do we really have to make a decision at once?
    (to) make a decision ______________________

13. Hannah really did a good job last year.
    (to) do a good job ______________________

14. Betty took fright in the dark tunnel and started to run.
    (to) take fright ______________________

15. The hurricane did a lot of damage in Florida.
    (to) do damage ______________________

16. Joe made friends with some Australian boys.
    (to) make friends with ______________________

17. Look here! The cat has made a mess on your book.
    (to) make a mess on s.th. ______________________

Useful vocabulary	Nützliche Wörter
as a matter of fact His new book? As a matter of fact I bought it yesterday.	**in der Tat, tatsächlich** Sein neues Buch? Gestern habe ich es tatsächlich gekauft.
(as) a matter of course Mr Brown does his share of the housework as a matter of course when he's at home. That's a matter of course with us.	**selbstverständlich; Selbstverständlichkeit** Wenn Mr Brown zu Hause ist, erledigt er selbstverständlich seinen Teil der Hausarbeit. Das ist für uns eine Selbstverständlichkeit.
in due course They'll inform us in due course.	**zu gegebener Zeit** Sie werden uns zu gegebener Zeit informieren.

Aufgabe 3: Verwechselbares

Ähnliche Schreibung führt bei den Wortbedeutungen oft zu Verwechslungen. Bevor man sich vorschnell aufs falsche "Bedeutungsgleis" begibt, sollte man prüfen, ob man wirklich richtig gelesen hat. Füge folgende Wörter passend in die darunterstehenden Sätze ein und übersetze diese dann.

treatments – treat – treaty – treating – trait – treat

1. I'll __________________ you all to a Coke.
2. The two countries signed a __________________ in which they agreed to help each other.
3. There are not many __________________ for that disease.
4. Being optimistic is said to be a typical American __________________ .
5. Which doctor is __________________ you.
6. You should __________________ your work more seriously.

Useful vocabulary	Nützliche Wörter
[!] Einige Wendungen im Englischen dienen zur Verstärkung von gemachten Aussagen. Einige davon sind nicht unbedingt erschließbar. Sie sollten deshalb am besten auswendig gelernt werden.	
by no means She is by no means silly.	**keineswegs** Sie ist keineswegs dumm.
at any rate Are you going to London? At any rate. Come early evening. After teatime at any rate.	**jedenfalls, auf jeden Fall** Fährst du nach London? Auf jeden Fall. Komm am frühen Abend. Jedenfalls nach dem Tee/Abendessen.
at the latest We'll see him at 5 o'clock at the latest.	**spätestens** Wir sehen ihn spätestens um 5 (Uhr).
above all Of course – we need money. But above all we need your understanding.	**vor allem** Natürlich brauchen wir Geld. Aber vor allem brauchen wir Ihr Verständnis.

B Übersetzungsaufgabe

Wortangaben

Titel	**trait**:	Charakterzug, Wesenszug
Z. 5	**familiar:**	vertraut
Z. 8	**(to) strike out for:**	sich auf den Weg machen, aufbrechen nach

American traits

A look at immigration in the past and at immigration today shows where the American *people*[1] came from. Understanding immigration also helps to explain some of the traits of the American people. For example, immigrants *move*[2] to the United States because they are looking for a better life. *It*[3] takes a lot of *courage*[4] to leave behind everything that is familiar and *come*[5] to a new country. Since before the independence of the United States, Americans have been a people *willing*[6] to take risks and try new things. This willingness to strike out for the unknown takes *an*[7] independence and *an*[7] optimism that also is thought to be a characteristic of the American people today.

Americans are also a people who are quick to learn and are open to new experiences. And they have to be so, because immigrants *both*[8] today *and*[8] in the past have a whole new world to learn about. They often have to learn everything from a new language to new social customs and new ways to make a living.

1 dt.: Leute, aber auch (im Singular) Volk
2 Die Grundbedeutung "umziehen" paßt hier nicht.
3 auch: Man ..."
4 erschließbar über das auch im Deutschen gebräuchliche Fremdwort
5 [!]
6 im Deutschen besser als Relativsatz zu übersetzen
7 weglaßbar
8 [!]

C Lösungen

Übungen

Aufgabe 1

1. *bitterness* – Bitterkeit – 2. *business* – Geschäft – 3. *cleverness* – Klugheit – 4. *eagerness* – Eifer, Begierde – 5. *fitness* – Tauglichkeit – 6. *friendliness* – Freundlichkeit – 7. *happiness* – Glück – 8. *illness* – Krankheit – 9. *laziness* – Faulheit – 10. *liveliness* – Lebendigkeit – 11. *loneliness* – Einsamkeit – 12. *musicalness* – Musikalität – 13. *nervousness* – Nervosität – 14. *politeness* – Höflichkeit – 15. *sadness* – Traurigkeit – 15. *sickness* – Übelkeit – 17. *silliness* – Dummheit – 18. *sleeplessness* – Schlaflosigkeit – 19. *ugliness* – Häßlichkeit – 20. *usefulness* – Nützlichkeit – 21. *weakness* – Schwäche – 22. *willingness* – Bereitschaft

Aufgabe 2

1. sich entschließen – 2. sich etwas ausdenken – 3. Mut brauchen – 4. ein Risiko eingehen – 5. sich etwas kurz ansehen – 6. frühstücken – 7. abwaschen – 8. 80 Meilen in der Stunde fahren – 9. hysterisch werden – 10. etwas behaupten, ein Argument einbringen – 11. auseinandernehmen – 12. eine Entscheidung treffen – 13. gute Arbeit leisten – 14. es mit der Angst zu tun bekommen – 15. Schaden anrichten – 16. sich mit jem. anfreunden / Freundschaft schließen – 17. etwas beschmutzen

Aufgabe 3

1. *treat*: Ich spendiere euch allen eine Cola. – 2. *treaty*: Die zwei Länder unterzeichneten einen Vertrag, in dem sie übereinkamen, sich gegenseitig zu helfen. – 3. *treatments*: Es gibt für jene Krankheit nicht viele Behandlungsarten / Heilverfahren. – 4. *trait*: Man sagt, es sei typisch amerikanisch / ein typischer amerikanischer Charakterzug, optimistisch zu sein. – 5. *treating*: Welcher Arzt behandelt Sie? – 6. *treat*: Sie sollten Ihre Arbeit ernster nehmen.

American traits

A look at immigration in the past and at immigration today shows where the American people came from. Understanding immigration also *helps*[1] to explain some of the traits of the American people. For example, immigrants move to the United States because they are looking for a better life. It takes a lot of courage to leave behind *everything that is familiar*[2] and come to a new country. Since before the independence of the United States, Americans have been a people willing to take risks and try *new things*[3]. This willingness to strike out for the unknown takes an independence and an optimism that also is thought to be a characteristic of the *American people*[4] today.

Americans are also a people who are quick to learn and are open to new experiences. And they have to be so, because immigrants both today and in the past have a whole new world to learn about. They often have to learn everything from a new language to new social customs and new ways to make a living.

1 auch: "hilft auch ... zu erklären
2 auch: alles Vertraute
3 wie auch bei Anmerkung 2 kommt hier die Möglichkeit des Deutschen, Adjektive als Substantive zu gebrauchen, ins Spiel. Dies geht im Englischen so nicht.
4 auch: der Amerikaner

Amerikanische Wesenszüge

Ein Blick auf die Einwanderung in der Vergangenheit und auf die heutige Einwanderung zeigt, woher die Amerikaner kamen. Das Verständnis der Einwanderung ist auch bei der Erklärung einiger Wesenszüge des amerikansichen Volkes *hilfreich*[1]. Zum Beispiel kommen viele Einwanderer in die Vereinigten Staaten, weil sie ein besseres Leben suchen. Man braucht viel Mut, um *alles, was einem vertraut ist*[2], zurückzulassen und in ein neues Land zu gehen. Schon vor der Unabhängigkeit der Vereinigten Staaten sind die Amerikaner ein Volk gewesen, das bereit war, Risiken auf sich zu nehmen und *Neues*[3] auszuprobieren. Diese Bereitschaft, sich auf den Weg ins Unbekannte zu machen, verlangt Unabhängikeit und Optimismus, die man auch für ein charakteristisches Merkmal des *amerikanischen Volkes*[4] von heute hält.

Amerikaner sind auch Leute, die schnell lernen und offen für neue Erfahrungen sind. Und das müssen sie sein, weil sowohl die Einwanderer von heute als auch die in der Vergangenheit eine völlig neue Welt kennenlernen müssen. Oft müssen sie alles lernen, von einer neuen Sprache bis zu neuen gesellschaftlichen Sitten und neuen Arten, sich den Lebensunterhalt zu verdienen.

Stichwortverzeichnis

Ihre Meinung ist uns wichtig!

Ihre Anregungen sind uns immer willkommen.
Bitte informieren Sie uns mit diesem Schein über Ihre Verbesserungsvorschläge!

	Seite	Fehler, Vorschlag

Die echten Hilfen zum Lernen...

STARK

12-V1M

Bitte ausfüllen und im frankierten Umschlag an uns einsenden. Für Fensterkuverts geeignet.

Zutreffendes bitte ankreuzen!

Die Absenderin/der Absender ist:

- ☐ Lehrer/in
- ☐ Fachbetreuer/in
  Fächer: ______
- ☐ Seminarlehrer/in
  Fächer: ______
- ☐ Regierungsfachberater/in
  Fächer: ______
- ☐ Oberstufenbetreuer/in
- ☐ Schulleiter/in
- ☐ Referendar/in, Termin 2. Staatsexamen: ______
- ☐ Leiter/in Lehrerbibliothek
- ☐ Leiter/in Schülerbibliothek
- ☐ Sekretariat
- ☐ Eltern
- ☐ Schüler/in, Klasse: ______
- ☐ Sonstiges: ______

Unterrichtsfächer: (Bei Lehrkräften!)

______

STARK Verlag
Postfach 1852
85318 Freising

Kennen Sie Ihre Kundennummer?
Bitte hier eintragen.

Absender (Bitte in Druckbuchstaben!)

Name/Vorname ______

Straße/Nr. ______

PLZ/Ort ______

Telefon privat für Rückfragen ______ Geburtsjahr ______

E-Mail-Adresse ______

Schule/Schulstempel (Bitte immer angeben!)

(Bitte blättern Sie um)

Englisch

Englisch 5. Klasse	Best.-Nr. 90505
Englisch 6. Klasse	Best.-Nr. 90506
Englisch 7. Klasse	Best.-Nr. 90507
Englisch 8. Klasse	Best.-Nr. 90508
Englisch 9. Klasse	Best.-Nr. 90509
Englisch 10. Klasse	Best.-Nr. 90510
Englisch – Übertritt in die Oberstufe	Best.-Nr. 82453

Englisch Leseverstehen

Englisch – Leseverstehen 5. Klasse	Best.-Nr. 90526
Englisch – Leseverstehen 6. Klasse	Best.-Nr. 90525
Englisch – Leseverstehen 8. Klasse	Best.-Nr. 90522
Englisch – Leseverstehen 10. Klasse	Best.-Nr. 90521

Englisch Rechtschreibung

Englisch – Rechtschreibung und Diktat 5. Klasse mit 3 CDs	Best.-Nr. 90531
Englisch – Rechtschreibung und Diktat 6. Klasse mit CD	Best.-Nr. 90532
Englische Rechtschreibung 9./10. Klasse	Best.-Nr. 80453

Englisch Übersetzungen

Translation Practice 1 / ab 9. Klasse	Best.-Nr. 80451
Translation Practice 2 / ab 10. Klasse	Best.-Nr. 80452

Englisch Hörverstehen

Englisch – Hörverstehen 5. Klasse mit CD	Best.-Nr. 90512
Englisch – Hörverstehen 6. Klasse mit CD	Best.-Nr. 90511
Englisch – Hörverstehen 7. Klasse mit CD	Best.-Nr. 90513
Englisch – Hörverstehen 9. Klasse mit CD	Best.-Nr. 90515
Englisch – Hörverstehen 10. Klasse mit CD	Best.-Nr. 80457
Englisch – Hörverstehen 10. Klasse mit CD Zentrale Klassenarbeit Baden-Württemberg	Best.-Nr. 80456

Englisch Wortschatzübung

Englisch – Wortschatzübung 5. Klasse mit CD	Best.-Nr. 90518
Englisch – Wortschatzübung 6. Klasse mit CD	Best.-Nr. 90519
Englisch – Wortschatzübung Mittelstufe	Best.-Nr. 90520